COMPUTATIONAL THINKING

김현철 지음

정보적 사고에서 인공 지능까지

한빛아카데미
Hanbit Academy, Inc.

정보적 사고에서 인공 지능까지

초판발행 2019년 9월 28일
2쇄발행 2021년 7월 20일

지은이 김현철 / **펴낸이** 전태호
펴낸곳 한빛아카데미㈜ / **주소** 서울시 서대문구 연희로2길 62 한빛아카데미㈜ 2층
전화 02-336-7112 / **팩스** 02-336-7199
등록 2013년 1월 14일 제2017-000063호 / **ISBN** 979-11-5664-454-5 93000

책임편집 김성무 / **기획** 유경희 / **편집** 박정수 / **진행** 김도윤
디자인 표지 김미현 내지 김연정 / **전산편집** 김미경 / **일러스트** YONZ / **제작** 박성우, 김정우
영업 이윤형, 길진철, 김태진, 김성삼, 이정훈, 임현기, 이성훈, 김주성 / **영업기획** 김호철, 주희

이 책에 대한 의견이나 오탈자 및 잘못된 내용에 대한 수정 정보는 아래 이메일로 알려주십시오.
잘못된 책은 구입하신 서점에서 교환해 드립니다. 책값은 뒤표지에 표시되어 있습니다.
홈페이지 www.hanbit.co.kr / 이메일 question@hanbit.co.kr

지은이 소개

지은이 김현철 hkim64@gmail.com

1999년부터 고려대학교에서 근무하고 있습니다. 플로리다대학교에서 전산정보학 박사 학위를 취득하였고, 미국 GTE와 삼성 SDS에서 잠시 근무하였습니다. 또한 플로리다대학교, 홋카이도대학교, 애리조나주립대학교에서 방문 특임 교수를 역임하였습니다.

연구 분야는 기계 학습Machine Learning과 인간 학습Human Learning 그리고 그들의 상호작용입니다. 최근에는 컴퓨터 과학과 인공 지능이 보편적 교양 교육으로 자리매김되도록 노력하고 있습니다. 이와 관련하여 커넥트재단을 비롯한 여러 기관에서 자문 교수를 지냈으며, 한국컴퓨터교육학회 회장 및 (사)정보과학교육연합회 공동 대표를 맡아 다양한 활동을 하였습니다.

2004년에 고려대학교 교양 과목으로 '데이터로 표현하는 세상'을 처음 개설하여 비전공 학생들을 대상으로 한 '정보적 사고' 수업을 진행하였으며, 2017년부터는 필수 교양 과목으로 '정보적 사고'가 새롭게 개설되어 전교생이 듣고 있습니다.

머리말

우리는 지금 인류 문명사에 기록될 정도의 큰 변화를 경험하고 있습니다. 우리는 초고속 인터넷과 소프트웨어, 인공 지능이 범세계적 정보 인프라로 활용되는 시대에 살고 있습니다. 그 정보 인프라 위에서 사회·경제·산업·정치·문화·윤리 등 모든 것을 새롭게 설계하고 만들어나가야 하는 시점에 서 있습니다. 따라서 새로운 도구를 사용해 새로운 세상을 만들어나가려면 과거와는 다른 새로운 역량이 필요합니다.

새로운 역량과 새로운 교육에 대해 최근 몇 년간 전 세계적으로 많은 논의와 시도가 이루어지고 있습니다. 과거와 다른 새로운 교육체계와 방법이 더 많이 등장하고 자리 잡게 될 것입니다. 특히 새로운 역량 중에서 컴퓨팅과 컴퓨팅 사고력computational thinking이 큰 관심을 받고 있습니다. 컴퓨팅 사고력은 새로운 인프라에서 새로운 세상을 설계해야 하는 우리에게 꼭 필요한 역량입니다.

이 책 전반에 걸쳐 '정보적 사고'라는 용어를 사용합니다. 이 용어는 컴퓨팅 사고력보다 좀 더 포괄적인 개념을 담고 있습니다. 정보적 사고는 우리가 살고 있는 세상을 정보의 관점으로 보고, 그 정보를 연결하여 처리하는 알고리즘적 방법으로 문제를 해결하거나 개선하는 사고 역량이라 할 수 있습니다.

2004년에 고려대학교에서 1학년을 대상으로 하는 핵심 교양 수업인 '데이터로 표현하는 세상'을 처음 개설했는데, 이때부터 '정보적 사고'라는 용어를 사용했습니다. 당시 적절한 교재가 없어 강의 노트를 매년 업데이트하다가 2014년에 책으로 정리하여 처음 출간하였습니다. 이후 컴퓨팅 교육이 초·중등학교와 대학으로 확장되고 보편화되면서 관련 내용이 새롭게 추가되었습니다. 그에 따라 더 많은 사람들이 쉽게 읽을 수 있도록 일반적인 수준으로 다시 정리할 필요가 생겼습니다. 이에 더해, 알고리즘을 인공 지능까지 연결해서 전체적인 맥락을 다시 잡아 정리한 것이 바로 이 책입니다.

이 책은 일반 고등학생 정도면 충분히 이해할 수 있도록 가능한 한 쉬운 용어와 표현을 사용하였고, 중요한 개념과 관련된 그림과 사진을 최대한 많이 넣어 쉽게 이해할 수 있도록 하였습니다. 정보적 사고 혹은 컴퓨팅 사고력을 이 책 한 권으로 다 배울 수는 없겠지만, 전체적인 맥락을 파악하고 더 관심 있는 분야를 찾아갈 수 있는 마중물이 되어줄 것입니다.

이 책으로 전체 맥락을 파악한 후에는 관련 도서를 더 찾아보기 바랍니다. 또한 정보적 사고와 관련된 온라인 동영상, 무료 강의, 인터넷 자료 등이 아주 풍부하므로 이 도구들을 잘 활용해도 큰 도움을 받을 수 있을 것입니다.

우리나라에서 컴퓨팅 교육이 초등학교와 중·고등학교, 대학교의 교양 과정에 안착되도록 지난 몇 년간 국가적인 노력에 동참해온 것을 자랑스럽게 생각합니다. 그 과정에서 중심 역할을 했던 컴퓨터교육학회·정보교육학회·정보과학교육연합회의 교수님들, 현장 선생님들, 학부모님들 그리고 함께해주신 산업체에 감사드립니다. 뒤에서 무한 지원을 해주신 과학기술정보통신부와 교육부 관계자 여러분을 비롯해 과학창의재단과 교육학술정보원에도 큰 감사의 박수를 보냅니다. 무엇보다도 컴퓨팅 교육에 참여하여 엄청난 성장과 성과, 미래의 가능성을 보여주고 있는 우리 학생들에게 가장 큰 감사를 드립니다. 이 책은 그 모든 분들이 공유해주신 지식과 지혜, 그분들과 함께 했던 경험이 가장 큰 재료로 사용되었습니다. 감사합니다.

언제나 큰 힘이 되는 부모님과 가족에게도 감사드립니다. 게으른 저자인 저를 달래고 독려하여 이 책이 나올 수있도록 끝까지 애써주신 한빛아카데미㈜의 유경희 편집자님께도 감사드립니다. 마지막으로, 이 책의 집필 연구에 인성기금을 선뜻 후원해주신 유휘성 회장님께 다시 한번 감사드립니다.

안암동에서

저자 **김현철**

차례

CHAPTER 01
자동화 혁명과 정보적 사고

인류는 자동화 도구(기계)를 만들어 사용함으로써 문명의 패러다임을 바꾸어왔다. 18~19세기에 증기기관과 내연기관이 발명된 이래로 수많은 자동화 기계가 만들어졌다. 자동화 기계의 출현은 육체 노동의 생산성을 크게 증가시켜 사회 · 경제 · 정치 · 문화 · 국가체제의 많은 부분을 혁명적으로 변화시켰다. 오늘날 초고속 인터넷과 소프트웨어, 인공 지능은 인간의 인지 노동을 보조하는 자동화 기계의 역할을 하는 동시에 인간의 정보 노동 생산성을 폭발적으로 증가시켜 또 다른 대변혁을 예고하고 있다. 우리는 이것을 디지털 혁명 또는 제4차 산업혁명으로 부르기도 한다.

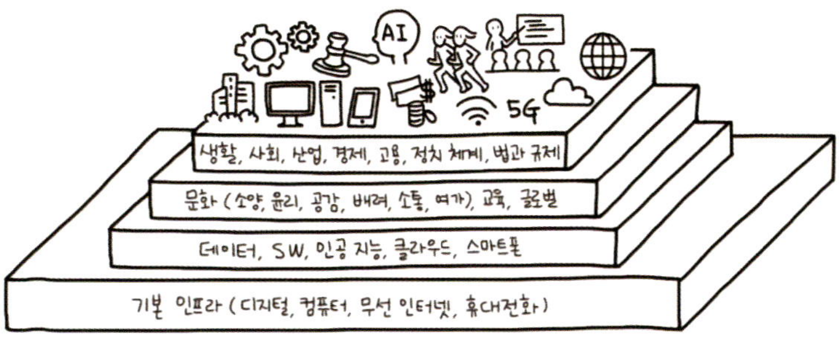

CHAPTER 02

코드 : 기록과 자동화가 가능한 정보 표현

데이터와 정보는 어떻게 다른가? 인간과 컴퓨터는 서로 협업하기 위해 데이터와 정보를 어떻게 처리하고 있는가? 정보를 기록 · 저장하여 공유하고, 작업 처리에 사용하기 위해서는 약속된 명시적 형태로 표현해야 한다. 또한 인간이 다루는 정보를 컴퓨터 같은 자동화 기계에서 처리하려면 컴퓨터가 이해할 수 있는 데이터로 변환해야 한다. 이때 약속된 디지털 코드가 필요하다. 코드는 정보의 표현에 대한 것이다.

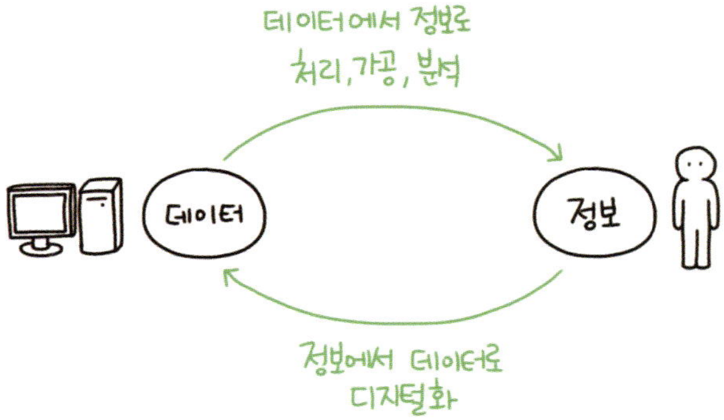

차례

CHAPTER 03
정보의 구조화

정보를 명시적으로 표현하는 중요한 이유 중 하나는 정보를 공유하고 자동으로 처리하기 위함이다. 특히 자동 처리 작업을 효율적으로 하기 위해서는 그에 맞는 정보 구조를 사용하는 것이 큰 도움이 된다. 예를 들어, 수많은 학생들의 성적 중에서 특정 점수를 빨리 찾는 작업을 할 때는 성적이 점수순으로 정렬된 경우가 그렇지 않은 경우보다 효율적일 것이다.

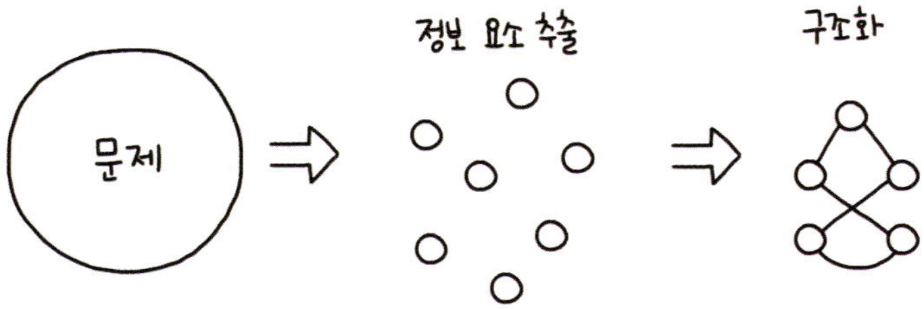

CHAPTER 04

자동화 알고리즘

3장에서는 의사 결정, 문제 해결 등을 위해 필요한 정보 요소를 파악하고 구조화하는 방법을 살펴보았다. 이 구조를 사용하여 정보의 처리 흐름 혹은 순서를 정의하여 어떠한 작업을 수행하도록 정의하는 것이 알고리즘이다. 알고리즘은 그 작업에 대한 일종의 설계도 같은 것인데 유사한 정보처리 작업에 재사용될 수 있다. 즉, 알고리즘은 정보처리 작업의 자동화 기계라고 할 수 있다.

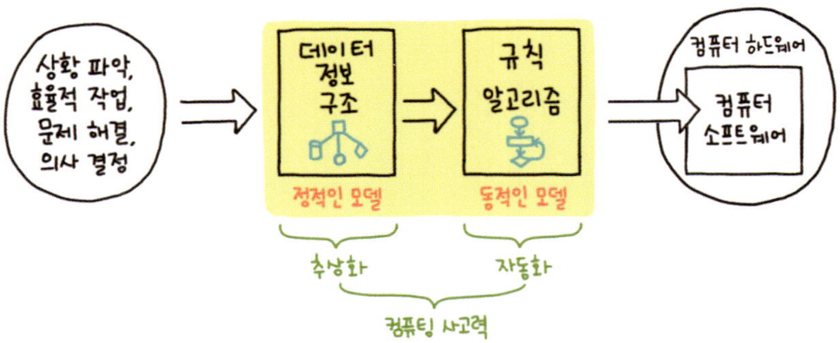

차례

CHAPTER 05
지능의 자동화

인간의 인지 작업을 자동화하려는 노력은 지금도 계속되고 있다. 처음에는 단순 반복 계산을 실수 없이 빠르게 하기 위한 자동 기계로 시작했지만, 자동화하려는 인지 작업의 폭과 범위는 점점 확장되었다. 마침내 ICT(정보통신기술)의 대중화와 맞물리면서 인지 작업의 자동화는 사무자동화, 과학, 예술, 사회 인프라에 이르기까지 엄청난 변화를 일으켰고, 이제는 인간의 지능적 행위와 판단에 이르기까지 그 범위를 넓혀가고 있다.

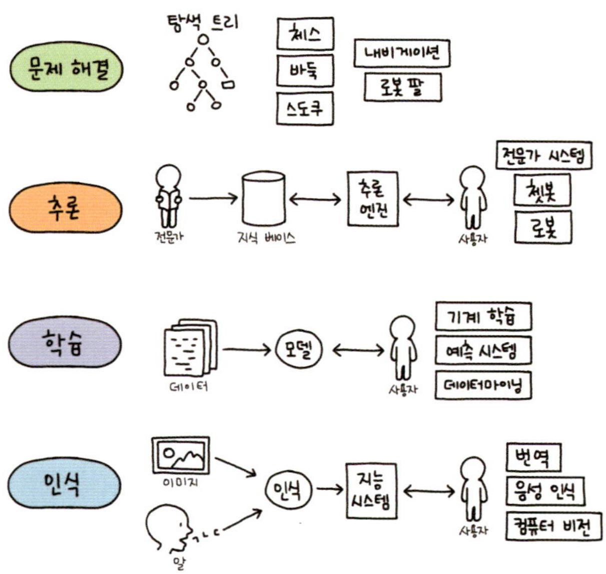

CHAPTER 06
공존

인류의 역사는 새로운 도구를 만들어내고 사용하면서 발전해왔다. 그러한 도구들은 주로 인간의 육체적 한계를 도와주는 역할을 하면서 우리 인간이 새로운 일들, 더 가치 있는 일들을 할 수 있게 하였다. 오늘날 우리가 사용하고 있는 초고속 인터넷과 소프트웨어, 인공 지능은 인류가 만들어낸 새로운 차원의 도구다. 이 도구들을 어떻게 활용할지, 이 도구들과 어떤 협업 체계를 만들어나갈지, 그래서 인류가 어떠한 새로운 가치와 문명을 창조해나갈지는 이제 우리 손에 달렸다.

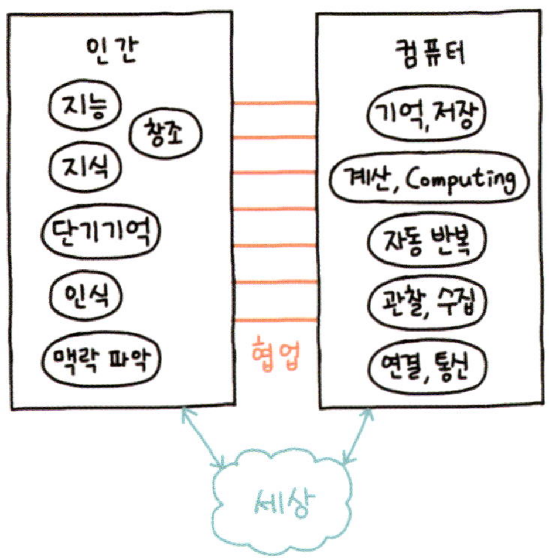

CHAPTER 01

자동화 혁명과 정보적 사고

1 모든 것이 자동화 때문

2 인지 노동의 자동화

3 자동화와 정보적 사고

읽어보기 변화의 시대

읽어보기 컴퓨팅 사고력과 정보적 사고

인류는 자동화 도구(기계)를 만들어 사용함으로써 문명의 패러다임을 바꾸어왔다. 18~19세기에 증기기관과 내연기관이 발명된 이래로 수많은 자동화 기계가 만들어졌다. 자동화 기계의 출현은 육체 노동의 생산성을 크게 증가시켜 사회 · 경제 · 정치 · 문화 · 국가체제의 많은 부분을 혁명적으로 변화시켰다. 오늘날 초고속 인터넷과 소프트웨어, 인공 지능은 인간의 인지 노동을 보조하는 자동화 기계의 역할을 하는 동시에 인간의 정보 노동 생산성을 폭발적으로 증가시켜 또 다른 대변혁을 예고하고 있다. 우리는 이것을 디지털 혁명 또는 제4차 산업혁명으로 부르기도 한다.

이 장에서는 자동화 혁명, 특히 소프트웨어와 인공 지능이 가져오게 되는 산업혁명의 본질을 이해해보고자 한다. 이어서 새로운 사고 역량으로 주목받는 정보적 사고와 컴퓨팅 사고력이 무엇이며 왜 필요한지 살펴본다.

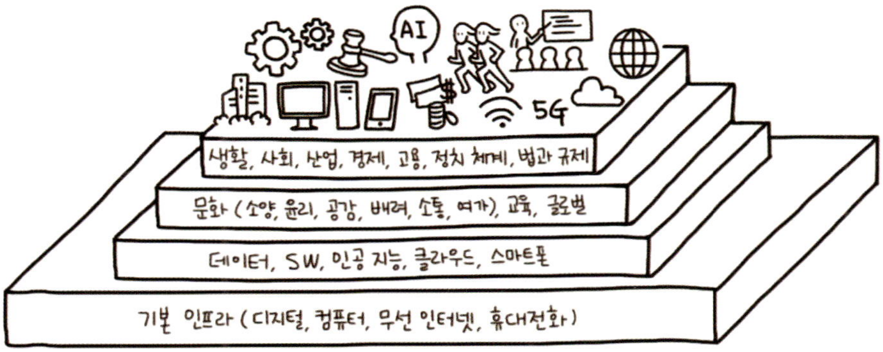

01 모든 것이 자동화 때문

18~19세기에 증기기관, 내연기관, 전기가 발명되면서 산업 전반에 자동화 기계가 쓰이게 되었고, 이를 통해 유럽 사회가 겪게 되는 혁신을 산업혁명이라 한다. 이어지는 20세기는 전기 · 전자 기기가 발전하고 컴퓨터와 인터넷이 등장한 시대다. 21세기는 20세기의 성과를 바탕으로 한 소프트웨어와 인공 지능, 그리고 사물 인터넷이 사회 · 경제 · 산업을 새롭게 혁신시키는 디지털 혁명의 시대다. 이 또한 산업혁명이라 부른다. 여기서 혁명은 약간 개선하는 정도가 아니라 새로운 주체, 새로운 패러다임의 등장을 의미한다.

[그림 1-1]은 이동 수단의 주체와 패러다임이 어떻게 바뀌고 있는지, 이 같은 변화가 도시 설계 · 산업 · 사회 경제 · 문화 · 법체계에 어떠한 영향을 미치는지 상징적으로 보여준다.

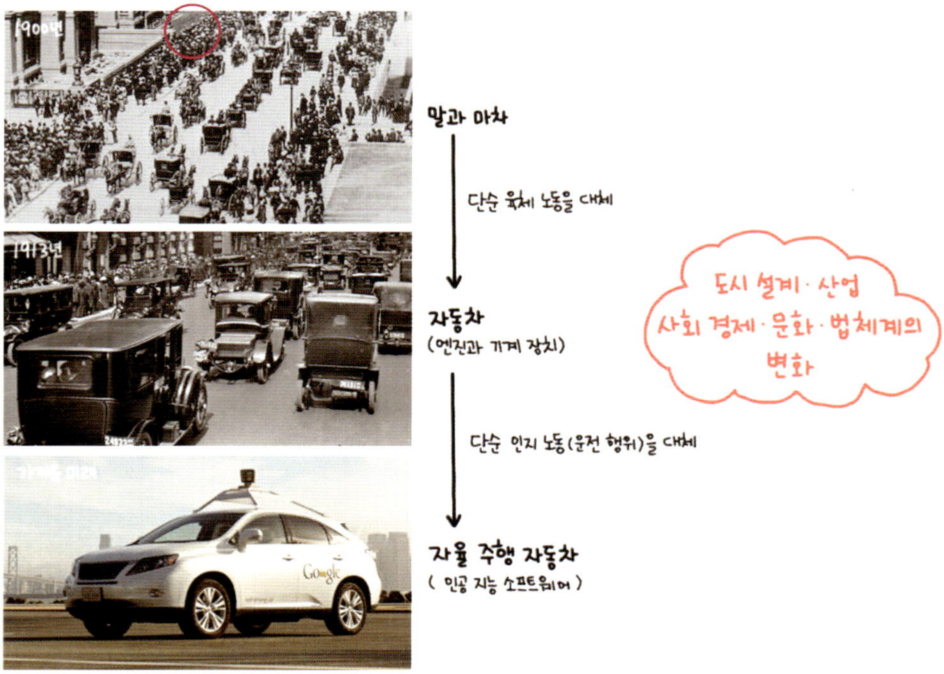

그림 1-1 이동 수단 주체의 변화와 새로운 패러다임의 등장

[그림 1-1]에서 맨 위 그림은 1900년 미국 뉴욕 시의 맨해튼에서 진행된 부활절 퍼레이드의 모습이다. 이동 수단은 대부분 말과 마차다. 붉은색 동그라미 속에 자동차가 한 대 보인다. 가운데 그림은 그로부터 불과 13년 후에 같은 장소를 촬영한 장면이다. 말과 마차 대신 자동차가 거리를 메우고 있다. 10여 년 만에 이동 수단은 동물과 인간의 육체적 힘에 의존하던 것에서 휘발유라는 에너지와 엔진이라는 자동화 기계로 바뀌었다. 즉, 이동 수단에서 새로운 주체가 등장한 것이다. 자동차가 대중화되자 건물과 도시 설계, 유통 체계가 바뀌고 사람들의 삶의 모습도 완전히 달라졌다. 새로운 직업, 새로운 법과 윤리, 새로운 사고방식이 등장했다.

1913년에서 100여 년이 지난 지금, 이동 수단에 또다시 혁명이 일어나고 있다. [그림 1-1]의 맨 아래 그림은 휘발유와 엔진 대신 전기를 사용하고 자동차가 스스로 상황을 판단하는 소프트웨어를 갖춘 자율 주행 자동차를 보여준다. 이러한 혁명은 100년 전에 그랬던 것처럼 사회 · 경제 · 문화뿐 아니라 사고방식에까지 큰 변화를 가져올 것이다. 차이가 있다면 말과 자동차는 단순 육체 노동을 대신하는 자동화 기계였지만, 자율 주행 자동차는 정신, 즉 인지적 단순 노동인 운전 행위를 대신하는 자동화 기계라는 점이다.

인류는 도구를 사용하여 노동과 작업의 효율성을 꾸준히 높여왔다. 유럽에서는 1700~1800년대에 과학이 발전하면서 획기적인 도구를 만들어냈다. 대표적인 도구가 1700년대에 발명된 증기기관이다. 증기기관은 수증기의 열에너지를 기계적인 일로 바꾸는 장치다. 땔감을 태워 나온 열로 증기를 만들고 증기의 팽창과 응축을 이용해 동력을 얻는다. 증기기관이 달린 증기선이 상용화되면서 힘들게 노를 젓지 않아도 더 많은 물건을 더 빠르게 나를 수 있게 되었다.

그림 1-2 1차 산업혁명의 산물인 증기기관(왼쪽)과 증기선(오른쪽) : 자동화 기계의 등장

1800년대에 들어서면서 아주 다양한 형태의 자동화 기계가 등장하였다. 1800년대 말에는 전기가 발명되고 휘발유 엔진이 등장하였다. 이때부터 자동화 기계는 인간의 육체 노동을 획기적으로 대체하기 시작했고, 생산성은 급격히 증가하였다. 생산성 증가는 사회 · 경제 · 산업 · 정치 · 문화에 대변화를 일으켰다.

그림 1-3 2차 산업혁명의 산물들 : 전기 에너지, 휘발유 엔진, 컨베이어 방식의 대량 생산

1900년대 중후반에는 컴퓨터와 인터넷이 대중화되었다. 이를 이용해 데이터를 자동으로 처리하고 전달하면서 인지 노동을 대신해주는 새로운 인프라가 만들어졌다. 2000년대에 들어와서는 스마트폰이 대중화되고 무선 인터넷 인프라가 자리를 잡으면서, 이를 기반으로 새로운 사회 · 경제 · 산업 · 정치 · 문화가 등장하였다. 이를 디지털 혁명이라 부른다. 디지털 혁명은 이전과는 다른 차원의 산업혁명이라 할 수 있다. 인지 노동을 자동화하는 기계가 등장하면서 일어난 대변화인데, 이 자동화 기계가 바로 소프트웨어이고 여기서 더 나아간 형태가 4차 산업혁명의 핵심 기술로 언급되는 인공 지능 소프트웨어이며 지능형 로봇이다.

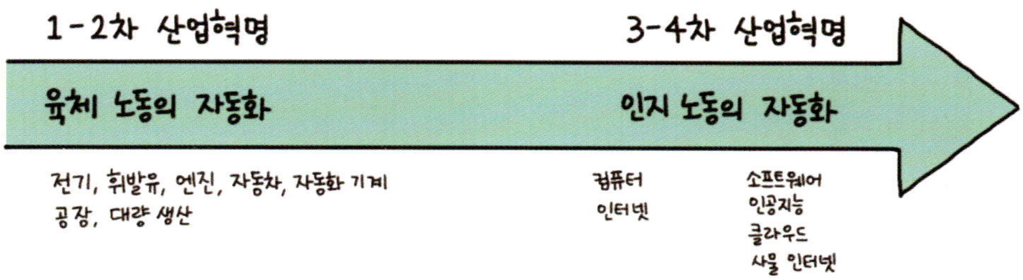

그림 1-4 자동화의 방향 : 인지 노동의 자동화

인지 노동의 자동화 기계, 즉 소프트웨어가 어떻게 생산성을 높이는지 예를 통해 생각해보자.

직원이 100명인 회사에서 10명만 영어 번역을 할 수 있으며 한 사람이 일주일에 5일 일하 책 한 권을 번역할 수 있다고 가정해보자. 이 회사의 영어 번역 생산성은 일주일에 책 10권 으로, 이 같은 생산성 한계 때문에 해외 기관들과 공동 작업을 하는 데 제한을 받을 것이다.

그런데 자동 번역 소프트웨어를 각 직원의 컴퓨터에 설치해 사용하게 한다면 어떨까? 초 근 많이 사용하는 자동 번역기 소프트웨어는 거의 중급 번역가 수준에 이른 것으로 보기도 한다. 직원 100명이 자동 번역 소프트웨어를 직접 사용하여 책 한 권 번역하는 데 1시간이 걸린다고 해보자. 그러면 그 조직의 생산성은 얼마나 증가할까? 직원 한 명이 하루 10시간 씩 일주일에 5일 일한다고 가정하면 일주일에 책 50권을 번역할 것이고, 직원 100명이 작 업할 것이므로 생산성은 '책 5,000권 번역'이 될 것이다(100명×10시간×5일=5,000권). 이로 인해 그 전에는 불가능했던 국제적 협업 작업을 해나갈 수 있을 것이고 새로운 협업 단계로 나갈 수 있을 것이다. 이처럼 생산성 증가는 많은 변화를 차례로 일으킨다.

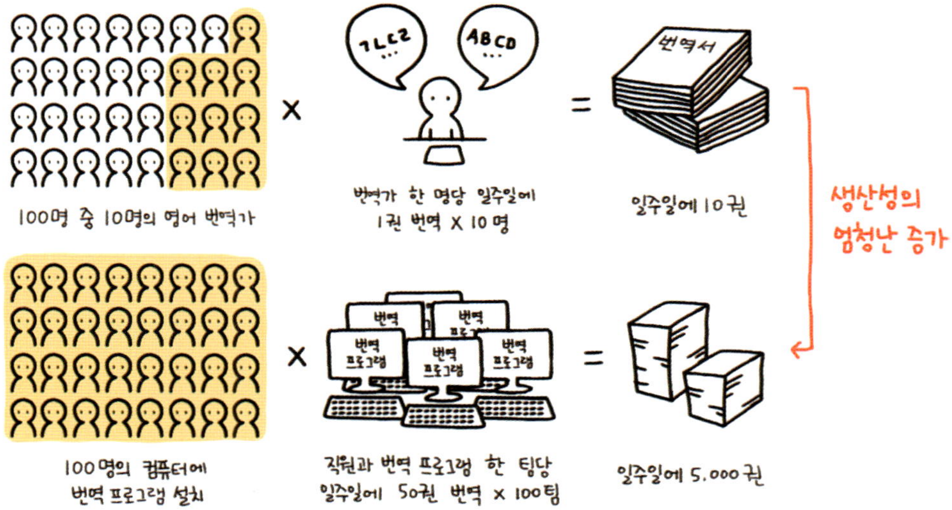

그림 1-5 인지 노동의 자동화 기계 사용과 생산성 증가

이러한 변화를 자동화automation 관점에서 보는 것이 중요하다. 자동화 대상은 육체 노동이나 인지 노동이 될 수 있다. 또는 사람들 간의 거대한 협업 프로세스, 어떤 대상을 전달하거나 공유하는 것도 대상이 될 수 있다. 규칙적인 순서와 방법으로 반복 수행되는 것들이 대개 자동화 대상이 된다.

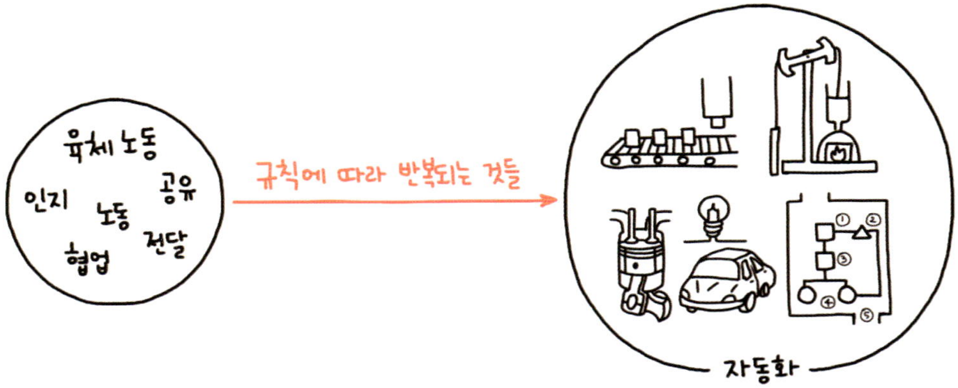

그림 1-6 자동화 대상

읽어보기

변화의 시대

1984년 스티브 잡스Steve Jobs는 혁명적인 개인용 컴퓨터였던 매킨토시를 발표하는 자리에서 밥 딜런Bob Dylan이 1964년에 발표한 노래 'The Times They Are a-Changin'세상이 변하고 있네'의 한 구절을 인용했다.

Come writers and critics who prophesize with your pen

펜대만 굴리는 작가와 비평가들이여 오라

And keep your eyes wide the chance won't come again

눈을 떠라 변화의 순간은 다시 오지 않으니

And don't speak too soon for the wheel's still in spin

아직 멈추지 않은 바퀴의 미래를 속단하지 마라

And there's no tellin' who that it's namin'

그것이 어디로 향할지 아무도 모른다

For the loser now will be later to win for the times they are a-changin'

변화의 시대에 오늘의 패자가 내일의 승자가 되리

그림 1-7 1984년 매킨토시를 공식 발표하는 스티브 잡스

02 인지 노동의 자동화

인지 노동을 자동화하는 과정은 약 150년 전 산업혁명 시절에 육체 노동을 자동화 기계로 대신했던 과정과 비교해 생각해볼 수 있다.

[그림 1-8]은 1880년대에 만들어진 담뱃잎을 마는 기계다. 이 기계를 만들기 위해 먼저 말린 담뱃잎을 사람이 손으로 길게 마는 작업을 관찰한다. 다음으로 손으로 담뱃잎을 마는 작업을 작은 단위로 쪼개고 각 단위들의 작업 연결 구조와 순서를 정의한다. 그리고 정의한 순서대로 진행시키는 기계를 만든다. 산업혁명 시대에 이러한 기계들이 수없이 만들어졌다. 이러한 기계들은 주로 반복적으로 수행되는 부분을 자동화한다.

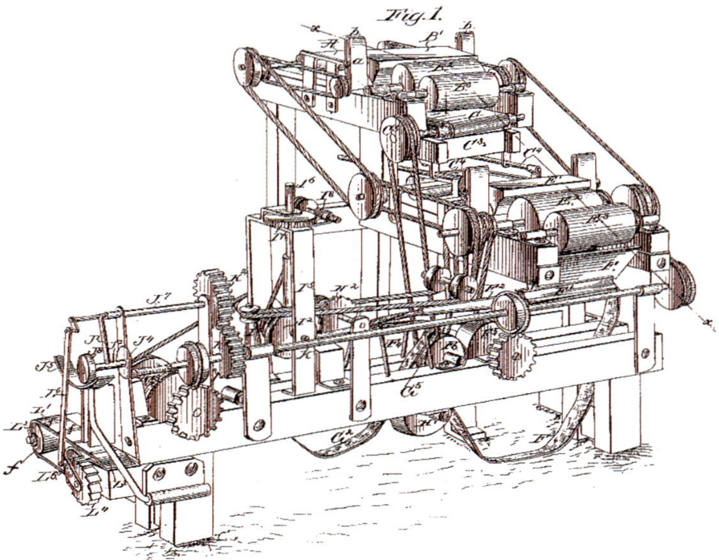

그림 1-8 담뱃잎을 마는 육체 노동을 자동화한 1880년대의 기계

계산 작업과 같은 인지 노동도 이와 비슷한 방식을 써서 기계로 구현할 수 있다고 생각한 사람이 찰스 배비지Charles Babbage다. 찰스 배비지는 1822년 다항 함수를 계산하기 위해 차분

기관difference engine을 설계했다. 차분기관은 산업혁명 시대에 만들어진 기계답게 톱니바퀴로 이루어져 있으나 물리적으로 무언가를 만들어내는 것이 아니라 몇 가지 수치 산출식을 반복적인 기계 동작으로 수행할 수 있는 단순한 덧셈 형태로 바꾸는 기계다. 당시에는 예산과 기술 부족으로 완성되지 못했으나 1991년에 배비지가 설계한 차분기관이 완성되어 성공적으로 작동함으로써 배비지의 설계가 유효한 것임이 증명되었다. 2000년에는 차분기관의 인쇄기를 재현했다. 이 인쇄기는 19세기에 설계된 기계장치 수준에서는 상당히 섬세한 것으로 여겨지고 있다.

그림 1-9 반복 계산하는 인지 노동을 자동화한 찰스 배비지의 차분기관

계산 기계 아이디어는 1900년대에 들어서면서 전기 · 전자 분야의 빠른 발전에 힘입어 데이터를 쉽게 표현하고 저장하고 처리할 수 있는 기계로 발전하였다. 이것이 현대 '컴퓨터'의 시초다. 컴퓨터는 산업뿐만 아니라 자동차, 전화기, 신호등 같은 일상 장치에도 대부분 들어가고 인터넷과 클라우드를 기반으로 서로 연결되었다. 이로써 우리는 [그림 1-10]과 같이 정보를 서로 연결하여 처리할 수 있는 거대한 디지털 인프라를 기반으로 하는 세상에 살게 되었다. 이 새로운 디지털 인프라 위에서 사회, 문화, 산업, 경제, 고용 등 모든 것이 새롭게 설계되고 만들어져 나가게 될 것이다.

디지털 인프라 위에서 인지 노동을 작은 단위 작업으로 분해하고 연결하고 순서를 정해 작업이 자동으로 진행될 수 있도록 만든 논리적 자동화 기계가 소프트웨어다. 소프트웨어는 하드웨어와 네트워크에서 동작하므로 일반적으로 하드웨어와 네트워크, 소프트웨어를 합하여 컴퓨터라고 부르고, 컴퓨터를 사용하여 어떠한 목적 아래 작업을 수행하는 것을 컴퓨팅computing이라고 부른다. 따라서 컴퓨팅에 의한 인지 노동의 자동화는 하드웨어와 네트워크 인프라를 바탕으로 어떠한 작업을 자동으로 수행할 수 있도록 소프트웨어를 조합하거나 새로 만들어 실제 그 일을 수행하는 것이라고 볼 수 있다.

그림 1-10 디지털 인프라를 기반으로 하는 세상

자동화 과정

컴퓨터는 데이터와 정보를 처리하여 작업을 수행한다. 그러므로 컴퓨팅에 의한 인지 노동의 자동화는 데이터를 준비하는 것부터 시작해 다음의 과정을 거친다.

❶ 상황과 문제를 데이터와 정보의 관점으로 보고 상황 판단, 문제 해결 혹은 개선에 필요한 정보 요소를 찾는다. → 적절한 정보 요소 찾기

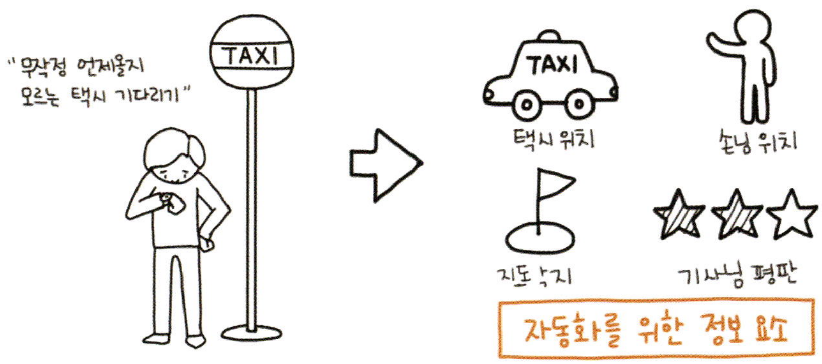

❷ 판단 작업이나 해결 작업이 효율적으로 이루어지도록 정보 요소를 구조화한다. 이는 추상화abstraction 과정에 해당된다. → 정보 요소를 정적으로 구조화하기

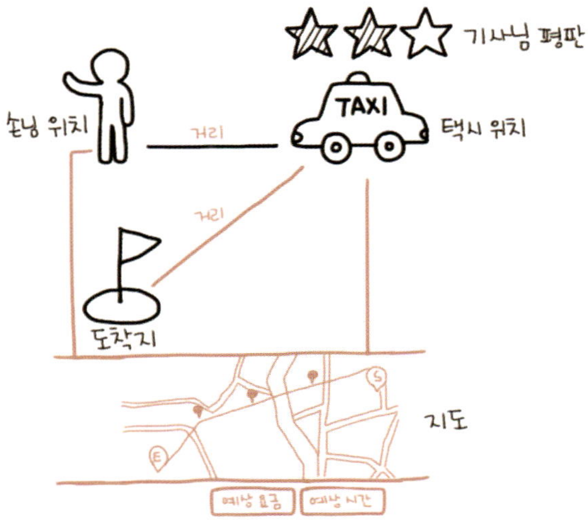

❸ 구조화된 정보를 기반으로 정보의 처리 흐름을 정의한다. 정보가 단계별로 어떻게 처리되어 어디로 가는지의 흐름을 명시적으로 표현한 것을 알고리즘algorithm이라 하고, 이는 자동화automation 과정에 해당된다. → 정보처리의 동적인 흐름 정의하기

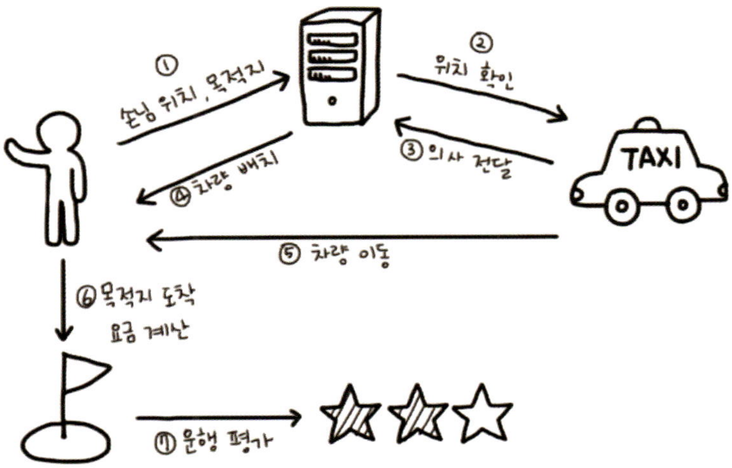

❹ 알고리즘을 프로그래밍 코드로 작성하여 소프트웨어로 만든다. 소프트웨어는 프로그래밍 코드, 데이터 등을 포함하는 개념이다. 이 소프트웨어가 설치된 하드웨어는 소프트웨어의 목적에 맞게 작업해주는 자동화 기계 역할을 하게 된다. → 소프트웨어로 만들기

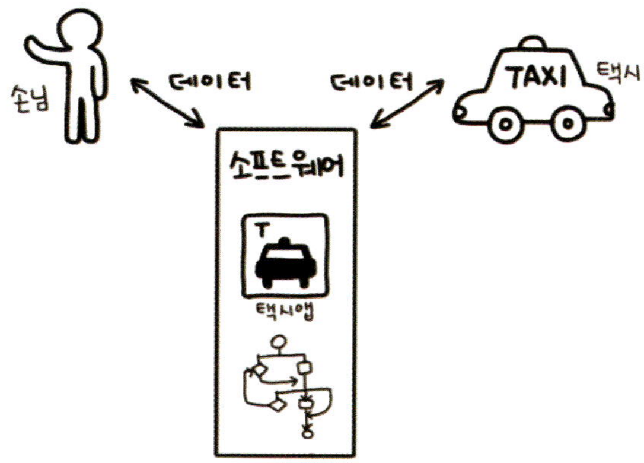

컴퓨팅에 의한 인지 노동의 자동화 과정을 정리하면 다음과 같다. 각 과정을 조금 더 구체적으로 살펴보자.

❶ 적절한 정보 요소 찾기
❷ 정보 요소를 정적으로 구조화하기
❸ 정보처리의 동적인 흐름 정의하기
❹ 소프트웨어로 만들기

적절한 정보 요소 찾기

우리는 매 순간 필요한 정보를 수집하여 사용한다. 버스는 언제 도착하는지, 어떤 메뉴를 고를지, 친구의 제안에 어떻게 답할지 등 판단해야 하거나 의사 결정을 내려야 하는 상황이 수시로 찾아온다. 혹은 문제를 해결해야 하는 상황에 처하기도 한다. 그럴 때마다 우리는 각 상황에 필요한 정보를 자연스럽게 떠올리거나 찾아서 사용한다.

그러나 아무 정보나 양만 많다고 좋은 것은 아니다. 불필요한 정보만 너무 많으면 정작 필요한 정보를 놓칠 수도 있다. 우리나라 축구팀이 대회에서 우승할 수 있을지 예측하기 위해서는 대진표, 최근 성적, 감독, 상대 팀과의 역대 전적, 선수 구성과 같은 그 상황에 꼭 필요한 정보를 얻어야 한다.

그림 1-11 정보는 일상에서 늘 사용한다.

다른 예를 하나 더 살펴보자. [그림 1-12]는 경영 컨설팅을 위해 고객 사무실을 방문히, 회사 입구에서 대표실까지 들어가는 짧은 순간 회사의 숨겨진 문제를 파악하는 모습이다. 직원들이 일하는 모습, 앉은 자세, 눈의 초점, 보고 있는 자료 등의 정보를 파악하고 연결하여 업무의 자발적 참여도를 가늠한다. 그리고 이를 통해 직원들의 생산성과 효율성을 추정하는 것이다. 물론 이 경우 추정이 빗나가지 않으려면 통찰력도 뛰어나야겠지만 핵심 정보를 잘 수집하려면 이처럼 관점이 있어야 한다. 같은 사물을 보더라도 관점을 두고 보는 것과 관점 없이 보는 것은 천지 차이다. 특정 관점으로 세상을 바라보면 그전에는 큰 의미 없이 넘겼던 정보들이 새롭게 연결되어 중요한 정보가 될 수 있다.

그림 1-12 관점이 있는 정보 요소 파악

문제 해결에 필요한 정보 요소를 정확히 파악해야 상황 판단, 의사 결정, 문제 해결을 효율적으로 할 수 있다. 관점이 있는 관찰은 필요한 핵심 정보 요소를 찾아내는 시작점이 된다.

정보 요소를 정적으로 구조화하기

정보들은 단편적으로 사용될 때보다 서로 연결되고 구조화되면서 새로운 의미와 가치를 지니게 된다. 이렇게 구조화된 정보는 문제 해결 과정과 의사 결정 작업을 더 효율적이고 더 효과적으로 진행할 수 있게 해준다.

[그림 1-13]은 어느 분식집의 메뉴다. 큰 카테고리의 메뉴를 분류 항목에 따라 배치하고, 재료에 따라 다시 순서를 조정함으로써 손님이 필요한 메뉴를 효율적으로 검색하고 비교·판단할 수 있게 하였다. 정보의 구조화는 자동화 작업의 절차와 정의를 효율적으로 할 수 있게 해준다.

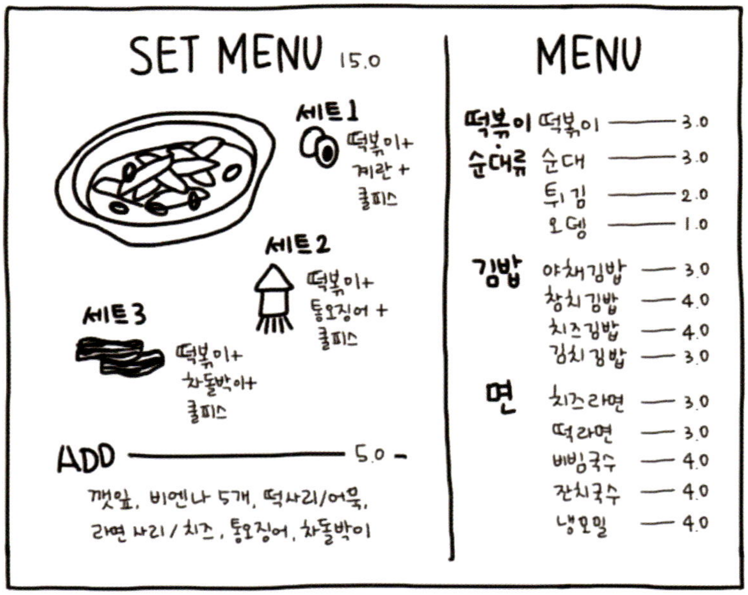

그림 1-13 정보 요소의 구조화 예

정보처리의 동적인 흐름 정의하기

정보의 구조는 정보 요소들 간의 관계와 분류 속성을 정적인 형태로 표현하여 문제 파악을 쉽게 하고, 문제의 본질을 볼 수 있도록 한다. 정보를 구조화만 해도 문제 해결의 실마리를 찾을 수 있는 경우가 많다. 하지만 이 같은 구조로는 절차적 지식, 즉 일의 처리, 문제의 해결 과정 등의 동적인 흐름은 표현하기가 쉽지 않다. 이럴 때는 구조화된 정보에 일정한 처리 규칙 혹은 알고리즘을 정의함으로써 동적인 흐름을 표현할 수 있다. 바꿔 말해, 정보의 흐름을 정의하여 문제를 해결하는 데 적절한 정적인 정보 구조를 사용하면 더 효율적으로 표현할 수 있다.

정보의 순서 흐름이나 정보의 처리 규칙을 정의하는 일은 일상생활에서도 많이 볼 수 있다. 장난감의 조립 순서, 요리책의 레시피를 보면 어떤 정보 요소(부품, 재료 등)를 어떤 순서로 어떻게 처리하는지를 순서대로 기술하고 있는데, 그것이 곧 정보처리 흐름을 기술한 규칙 혹은 알고리즘에 해당한다고 할 수 있다. 어떤 행사의 진행 프로그램, 회사의 특정 업무 매뉴얼 등도 다 여기에 해당한다.

그림 1-14 정보의 순서 흐름, 정보의 처리 규칙 정의의 예

소프트웨어로 만들기

규칙 혹은 알고리즘을 컴퓨터라는 정보처리 기계에서 자동으로 돌아갈 수 있도록 하기 위하여 컴퓨터 프로그램으로 바꾸어 컴퓨터에서 실행한다. 컴퓨터 프로그래밍 언어를 사용하여 알고리즘을 기술하는 것을 프로그래밍 혹은 코딩이라고 하며, 그렇게 만들어진 것을 프로그램 코드라고 부른다.

```python
import pygame

def playGame() :
    global monitor, ship, monster

    r = random.randrange(0, 256)
    g = random.randrange(0, 256)
    b = random.randrange(0, 256)

    shipX = swidth / 2
    shipY = sheight * 0.8
    dx, dy = 0, 0

monsterSize = monster.get_rect().size
monsterX = 0
monsterY = random.randrange(0, int(swidth * 0.3))
```

그림 1-15 프로그램 코드

이렇게 우리 생각과 인지적 작업이 정보의 구조화와 자동화 알고리즘을 거쳐 프로그램 코드로 만들어지고, 이 프로그램 코드가 컴퓨터에 설치된다. 그러면 컴퓨터는 정보처리 자동화 기계, 인지적 노동을 자동화하는 기계가 되는 것이다.

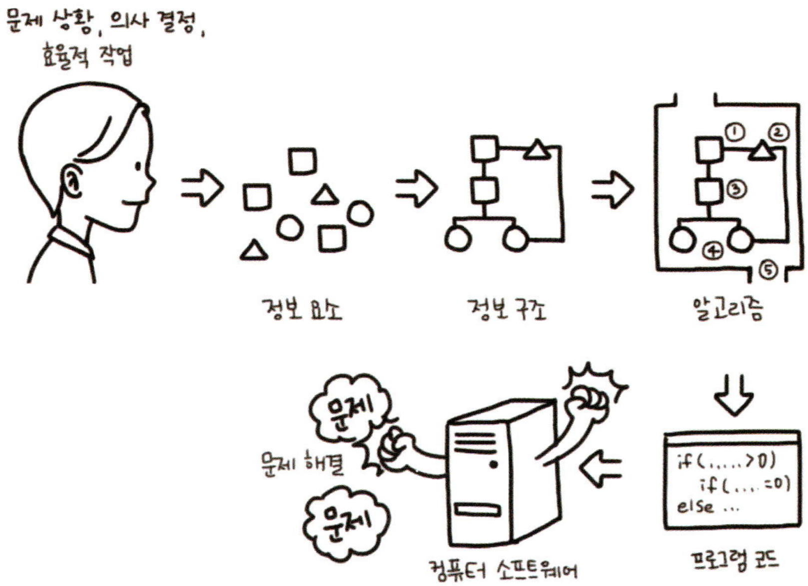

그림 1-16 인지 노동의 자동화 과정

결국 인간의 생각이나 세상의 현상, 의사 결정이나 문제 해결 같은 것을 '정보'의 관점으로 보고, 이를 추상화한 뒤 여기서 정보처리 흐름을 정의하는 규칙과 알고리즘을 만들어내는 것이 컴퓨팅의 핵심이다.

03 자동화와 정보적 사고

정보와 알고리즘은 기본적으로 상황 판단, 의사 결정 및 문제 해결에 대한 머릿속 생각을 표현해낸 것이다. 머릿속 생각을 끄집어내 구조화한 후 이를 자동화된 컴퓨팅 모델로 표현한 것이 소프트웨어다. 따라서 소프트웨어 사용을 단순 도구 사용이 아닌 다른 관점으로 생각해볼 수 있다.

예를 들어 어문 교정 재능이 뛰어난 '김재능'이라는 사람이 자신이 고안한 교정 방법을 알고리즘으로 만들고 이 알고리즘을 토대로 어문 교정 소프트웨어로 만들었다고 하자. 이 어문 교정 소프트웨어를 백만 명이 사용하는 것은 '김재능'의 어문 교정 재능을 백만 명이 사용하는 것과 같다. '김재능'의 재능을 소프트웨어를 통해 공유한 것이다. 즉, 소프트웨어를 사용하는 것은 소프트웨어를 만든 사람의 두뇌를 공유하는 것과 비슷하다.

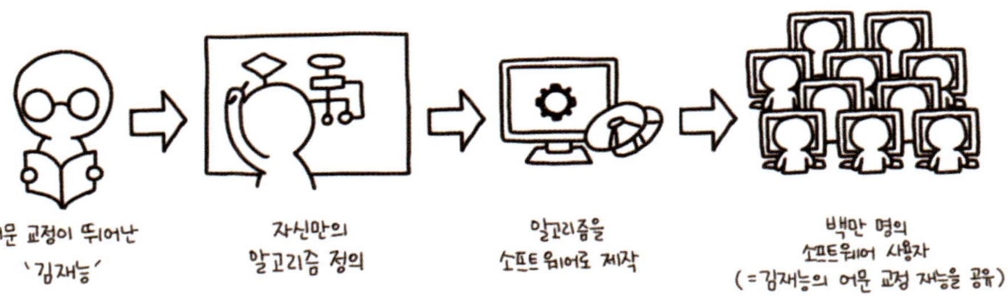

그림 1-17 어문 교정 소프트웨어 사용 = 어문 교정 재능 공유

두뇌 공유를 통해 두뇌 사용 효율성과 생산성은 폭발적으로 향상될 수 있다. 가히 두뇌 혁명의 시대라 말할 수 있는 것이다. 이처럼 소프트웨어는 사람들의 생각을, 문제 해결 재능을, 인지 작업을 공유할 수 있게 하는 중요한 역할을 한다.

앞서, 소프트웨어를 통해 인지 노동을 자동화하면 생산성이 높아진다고 이야기했다. 그리고 생산성이 증가하면 사회·경제·산업·정치·문화에 대변화가 일어난다고 이야기하였다.

더 놀라운 사실은 이 부분이다. 소프트웨어는 인간의 생각을 표현한 것이므로 소프트웨어를 공유하는 것은 결국 생각이 공유된다는 점이다. 게다가 인터넷을 통해 공유된 생각들이 서로 연결되면 일찍이 경험해보지 못한 거대한 인지 네트워크가 만들어진다. 그리고 그 위에서 사회의 모든 패러다임이 새롭게 재편될 것이다.

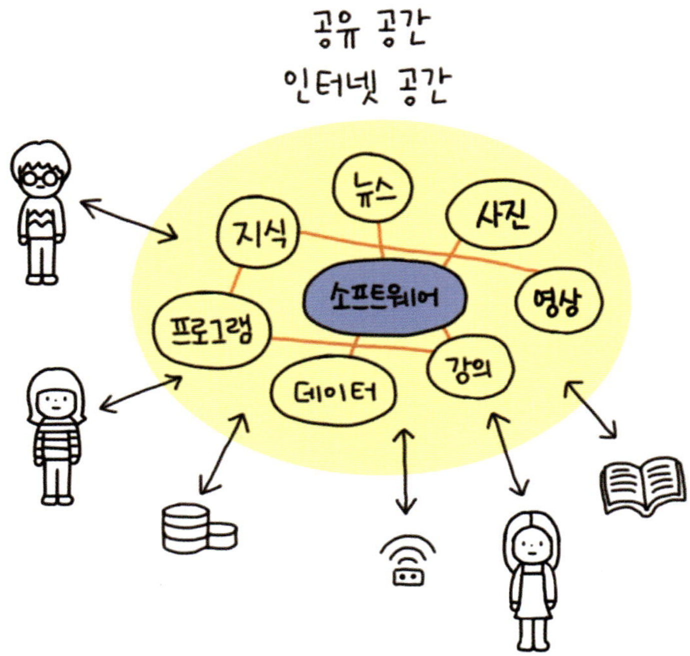

그림 1-18 생각과 자료를 공유하여 재사용할 수 있는 거대한 인프라가 만들어졌다. 그 중심에 소프트웨어가 있다.

생각을 공유하게 해주는 소프트웨어를 만들 때 핵심은 '생각 작업 중에 어떤 것이 자동화될 수 있을까?'다. 이를 위해서는 상황과 문제를 정보의 관점에서 보고, 그것을 추상적으로 구조화하여 자동화 모델로 만들 수 있는 사고력이 필요하다. 이러한 사고력을 일반적으로 정보적 사고 혹은 컴퓨팅 사고력computational thinking이라 한다.

그림 1-19 소프트웨어에는 디지털 인프라 위에서의 자동화 작업에 대한 인간의 생각과 아이디어가 들어가 있다.

현재는 물론 미래 사회에서도 디지털 인프라는 우리 생활의 기본 전제가 된다. 따라서 문제의 개선이나 해결은 디지털 인프라를 기초로 하여 이루어진다. 즉, 정보적 사고와 컴퓨팅 사고력은 디지털 인프라를 기반으로 사고하는 것이다.

'카카오택시' 서비스를 생각해보자. 이 서비스는 '택시 잡기'라는 작업과 그 작업의 비효율성 및 문제점을 인식하는 데서 시작한다. 10년 전만 해도 도로에서 언제 올지 모르는 빈 택시를 한없이 기다려야만 했다. 그러나 이제 택시 잡기 문제는 스마트폰이라는 디지털 인프라를 사용하는 '카카오택시' 서비스로 해결되었다.

'카카오택시' 서비스를 구축하기까지 다음과 같은 질문이 필요했을 것이다. 어떤 정보가 사용될까? 이 정보들은 어떻게 연결되어 구조화될까? 그 정보 구조 속에서 정보의 처리 흐름은 어떻게 정의해놓을 수 있을까? 그러한 컴퓨팅 모델은 자동화되어 많은 사람들이 사용될 수 있는 것인가? 그 새로운 서비스는 어떤 사회적 영향을 끼치는가? 어떤 부작용을 가져올 수 있으며 그것을 어떻게 해결할 수 있을까? 이와 같은 질문들을 정보적 사고가 해결할 수 있다.

그림 1-20 과거의 택시 잡기 vs 디지털 인프라 위에서 택시 잡기

정보적 사고를 통해 문제를 해결하는 과정을 정리하면 [그림 1-21]과 같다. 먼저, 세상에 대한 관심과 호기심을 통해 문제를 발견하거나 문제의 개선 여지를 찾는다. 이어서 세상과 문제를 정보의 관점으로 보고 추상화와 자동화를 통하여 문제 해결책을 컴퓨팅 모델로 표현한다. 그리고 이 모델이 사회에 어떤 영향을 주게 될지, 문제가 효율적으로 해결되거나 개선됐는지 생각해본다. 이 과정이 계속 순환된다.

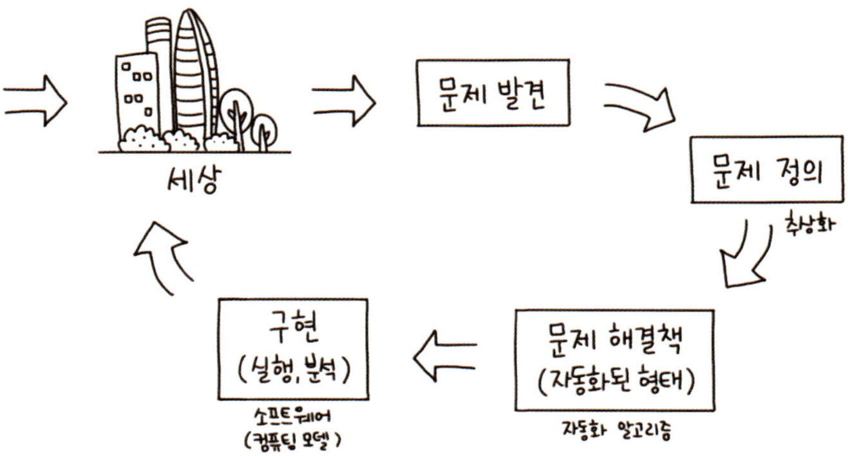

그림 1-21 문제가 발견되고 해결되는 과정

읽 어 보 기

컴퓨팅 사고력과 정보적 사고

흔히 'computational thinking'을 '컴퓨팅 사고력'으로 번역하는데 이는 주로 추상화와 자동화를 강조하는 용어다. 반면 '정보적 사고'는 디지털 인프라를 가정하여 문제 발견력과 사회적 영향까지 강조하는 포괄적인 개념으로 사용하는 용어다. 필자는 이 용어를 2004년 대학교에서 교양 수업을 처음 개설할 때부터 사용해왔다.

두 용어의 의미에 큰 차이는 없으며, 상황 맥락에 따라 적절히 선택하면 된다. 계산적 사고로 번역하는 경우도 있는데, 계산이라는 용어는 calculation을 주로 의미한다. calculation과 computation은 다른 의미이므로, 계산이라는 용어는 적절하지 않을 수 있다. 일반적으로 computation은 전자 계산이라는 용어로 번역되기도 하지만 그 또한 아주 적절한 용어는 아니라고 생각한다. 단순한 계산을 의미하는 calculation과 달리 computation은 반복적인 절차를 자동으로 처리하게 해주는 모델이라는 의미를 담고 있다. 이들 용어는 모두 디지털 인프라를 기반으로 하고 있는데, 이 디지털 인프라 위에서 이제 사회, 문화, 산업, 경제, 고용 등 모든 것이 새롭게 설계되고 만들어지게 될 것이다. 따라서 정보적 사고는 디지털 인프라 위에서 살게 될 모든 사람들에게 꼭 필요한 소양이다.

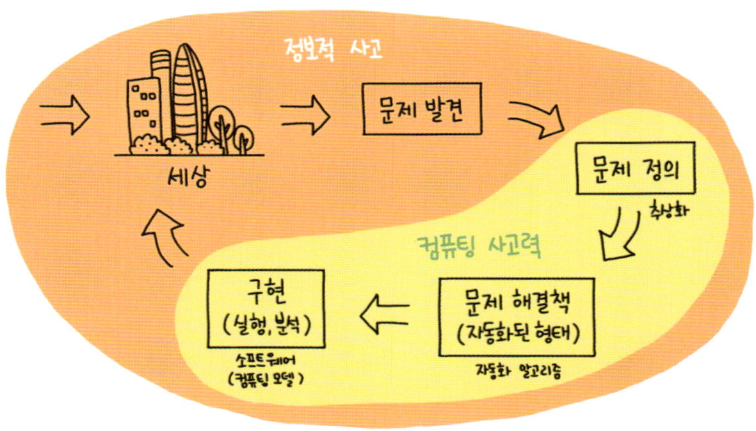

그림 1-22 컴퓨팅 사고력과 정보적 사고

CHAPTER 02

코드 : 기록과 자동화가 가능한 정보 표현

1 데이터와 정보

2 디지털 코드

3 효율적인 디지털 표현

읽어보기 정보를 표현하는 기호의 다양성

데이터와 정보는 어떻게 다른가? 인간과 컴퓨터는 서로 협업하기 위해 데이터와 정보를 어떻게 처리하고 있는가? 정보를 기록·저장하여 공유하고, 작업 처리에 사용하기 위해서는 약속된 명시적 형태로 표현해야 한다. 또한 인간이 다루는 정보를 컴퓨터 같은 자동화 기계에서 처리하려면 컴퓨터가 이해할 수 있는 데이터로 변환해야 한다. 이때 약속된 디지털 코드가 필요하다. 코드는 정보의 표현에 대한 것이다.

이번 장에서는 먼저 데이터와 정보의 의미 및 관계를 살펴보고, 디지털 코드 특히 컴퓨터에서 사용하는 이진 디지털 코드에 대해 자세히 알아본다. 이어서 문서 정보와 이미지 정보, 소리 정보를 다루는 데 효율적인 디지털 표현을 구체적인 예를 통해 살펴본다.

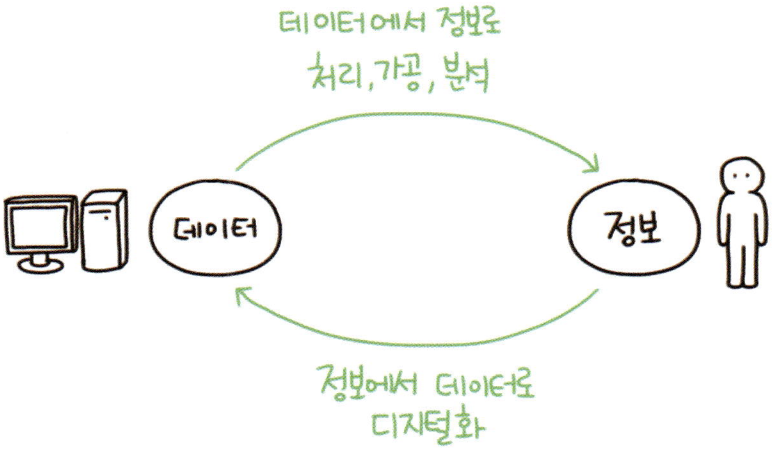

01 데이터와 정보

데이터와 정보라는 용어는 대개 구분 없이 사용하지만 조금 다른 개념이다. 특히 '정보information'에는 매우 포괄적인 개념이 담겨 있어 국어사전에서도 용도에 따라 다양하게 정의하고 있다. 하지만 어떤 식으로 정의를 내리든 '어떤 데이터(자료)를 의도나 목적에 맞게 분석 혹은 가공하여 그 의미를 표현한 것'이라는 표현을 대부분 포함하고 있다. 우리는 정보를 통해 판단하고 의사 결정을 내리며, 다양한 매체를 통해 정보를 전달하기도 한다. '데이터data'는 어떤 의미나 목적을 포함하지 않고 단순 수집된 원자료라 할 수 있다. 따라서 정보를 이야기할 때는 '의미'와 '표현'을 눈여겨봐야 한다.

그림 2-1 데이터와 정보의 정의

데이터에서 정보로

데이터를 목적에 맞게 처리하고 분석하려면 처리가 가능한 형태로 측정해서 수집해야 하는데, 이 관점에서 볼 때 가장 일반적인 형태가 수치 데이터다. 대규모의 수치 데이터는 확률 통계, 알고리즘 등을 사용해 처리되고, 이를 분석한 패턴이나 정보가 다양한 의사 결정에 사용될 수 있다.

데이터가 처리 및 분석되어 의사 결정에 사용되면 정보 가치를 지니게 된다. 예를 들어보자. 학교에서 아이들의 키를 측정한 수치 자료는 데이터이지만, 이를 처리하고 분석하여 평균을 구해 어떤 의사 결정에 사용한다면 정보가 된다. 사람이 하루 동안 움직이면 위치, 걸음 속도, 심박수 등 수많은 데이터가 생산되는데 이를 가공 분석하여 건강 상태를 예측하는 정보를 만들어낼 수도 있다.

요즘은 텍스트, 이미지, 동작 등 다양한 데이터를 엄청난 규모로 측정하고 수집하는 빅데이터 인프라가 큰 관심을 끌고 있다. 이들 빅데이터에서 유용한 패턴과 정보를 분석해내는 기술이 급격히 발전하고 있는데 그 과정에서 빅데이터 저장 및 처리 기술, 데이터 과학, 기계 학습machine learning은 아주 중요한 역할을 한다. 충분한 양의 데이터에서 숨겨진 패턴을 찾아 지능적 작업 모델 등을 만들어주는 것이 기계 학습의 주된 역할이다.

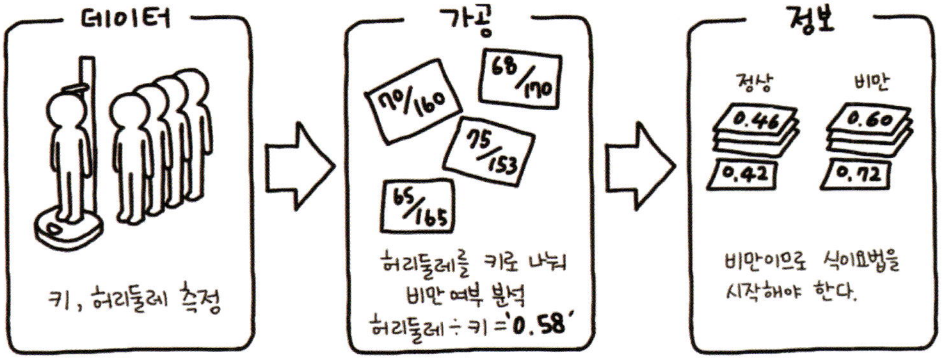

그림 2-2 데이터에서 정보로

정보에서 데이터로

수집된 데이터를 분석하고 일반화하여 어떤 정보를 만들어낸다. 하지만 그와 반대로 이미 있는 정보, 머릿속 작업 등을 컴퓨터에서 자동으로 처리하기 위해 데이터로 변환하기도 한다. 인간은 본질적으로 머릿속에서 끊임없이 정보를 처리하여 새로운 가치를 만들고, 지식을 만들어내어 사고하고 행동한다. 우리 두뇌가 생각하고 인식하는 것은 대부분 정보에 속한다. 말, 문자, 상황 판단, 이미지, 개념, 소리, 동작 등은 인간의 머리가 주로 다루는 '정보'들이다. 사실 인간의 두뇌는 데이터보다는 정보를 다루는 일에 더 강하다. 미적분을 반복적으로 빠르게 계산하기는 힘들어하지만 말과 글을 이해하고 친구의 얼굴을 빠르게 알아보고 과거를 연상하여 기억해낼 수 있다.

인간의 두뇌가 아닌 컴퓨터에서 정보가 자동으로 처리되게 하려면 컴퓨터가 잘 다룰 수 있는 데이터 형태로 바꾸어 제공해야 한다. 이 경우 말, 문자, 표정, 소리, 동작 같은 정보의 일반적인 형태를 '어떻게 컴퓨터에서 처리될 수 있는 수치 형태나 0과 1로 표현되는 이진수로 변환할 것인가'가 문제다.

[그림 2-3]은 수집된 자료를 처리하고 분석하여 의미 있는 정보를 만들어내는 관점과 머릿속의 본능적인 정보처리 과정을 컴퓨터로 자동으로 처리할 수 있게 데이터로 변환하는 관점을 동시에 보여준다. 두 관점은 서로 맞물려 있다.

데이터와 정보의 기본적인 정의와 관계는 지금까지 설명한 바와 같다. 그러나 일반적으로 데이터와 정보가 명확하게 구분되지는 않으며 그럴 필요도 없다. 같은 자료라 해도 어떤 이에게는 데이터이고 다른 이에게는 정보가 될 수 있다. 환율 정보는 나에게는 의미 없는 데이터여도 다른 사람에게는 귀중한 정보가 되어 사용될 수 있기 때문이다.

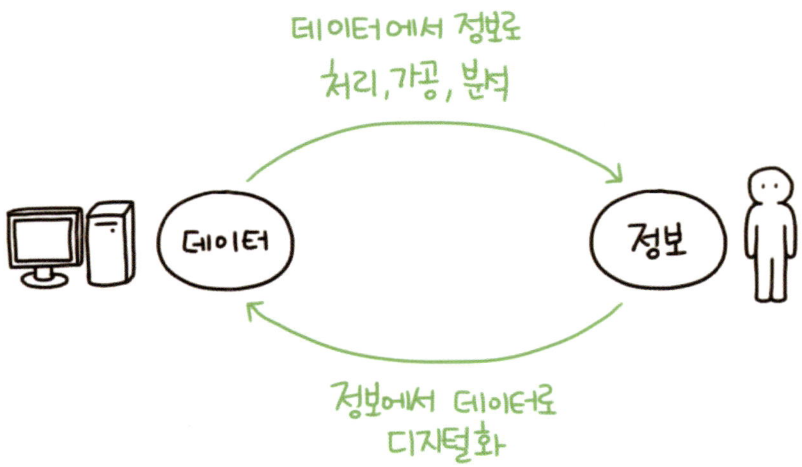

그림 2-3 데이터와 정보의 관계

02 디지털 코드

인간이 갖고 있는 정보를 컴퓨터에서 자동으로 처리하거나 통신망을 통하여 전달하거나 저장 · 관리하려면 컴퓨터에서 다룰 수 있는 형태의 데이터로 변환시키는 약속 코드가 필요하다. 코드는 문자나 단어, 말, 이미지, 동작 같은 정보를 표현하고 전달하기 위한 규칙 시스템이다. 왜 이러한 규칙이 필요한지 생각해보자.

인간의 생각 정보를 표현하는 가장 일반적인 방법은 문자 기호를 사용하는 것이다. 하지만 생각 정보는 거의 무한한 데 비하여 영어나 한글 문자는 모두 유한 개의 기호 조합으로만 표현한다. 유한 개의 기호로 무한의 생각을 다 표현하는 것은 불가능하다. 예를 들어, '사랑'이라는 단어 하나로 표현된 정보에 대한 머릿속 감정은 이보다 훨씬 다양할 것이다. 수많은 생각이나 감정이 한 단어로 강제되어 표현되면서 많은 정보가 손실되고 왜곡될 수 있다. 그렇다고 해서 아주 미세하게 다른 수많은 감정마다 모두 다른 단어를 배정하는 것은 비효율적일 수 있다.

이처럼 어떤 코드가 '그 정보를 얼마나 정확하게 표현할 수 있는가'와 '얼마나 효율적인가'는 서로 모순적인 관계일 수밖에 없다. 따라서 '효율성'과 '표현력' 사이의 적당한 지점에서 코드가 합의되어 정해진다. 제한된 적은 개수의 기호로 정보를 표현하면 처리나 전달, 기록의 효율성을 얻을 수 있지만 완전하게 표현되지 않아 손실되는 정보도 많아진다.

이처럼 정보는 인간 사회에서 기록·처리·전달되려면 문자 같은 기호로 변환되어야 하지만, 컴퓨터라는 기계에서 기록·처리되려면 다시 0과 1로만 이루어진 이진$_{\text{binary}}$ 디지털 코드로 변환되어야 한다.

무한한 정보를 유한 개의 이산적$_{\text{discrete}}$ 기호로 표현하는 것은 넓은 의미의 디지털$_{\text{digital}}$ 코드라 할 수 있다. 그리고 이를 0과 1의 이진 기호에 일대일 대응시키면 좁은 의미의 디지털 코드가 된다. IT 분야에서 디지털 데이터라고 하면 보통 이진 데이터를 말한다. 컴퓨터에서는 모든 데이터가 그 본질적인 의도나 의미와 관계없이 0과 1의 이진 데이터로 처리되므로, 보통 '디지털'이라고 하면 컴퓨터에서 효율적으로 처리 · 가공 · 전달 · 기록될 수 있다는 것을 의미한다.

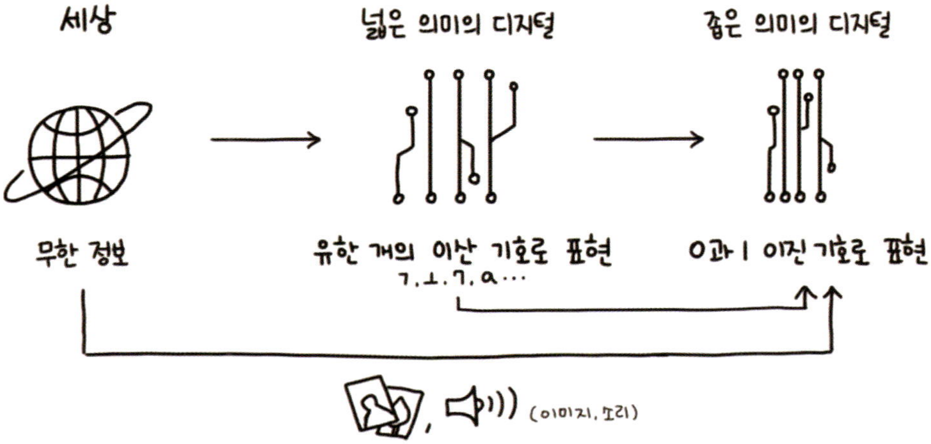

그림 2-4 디지털 : 무한의 정보를 유한 개의 기호로 표현

앞서 설명했듯이 '코드'를 이야기할 때는 그 코드의 효율성과 표현력을 생각해야 한다. 이 관점에서 몇 가지 예를 통해 코드에 대해 생각해보도록 하자.

개수 정보의 표현

과거 수렵 사회나 농경 사회에서도 사냥한 동물이나 물건의 개수를 기록해두어야 할 필요가 있었을 것이다. 따라서 손가락으로 개수를 표현하고 손가락의 형태로 기록하는 것은 너무나도 자연스러운 일이었을 것이다. 현재 사용하는 디지털digital이라는 단어의 디짓digit도 원래 손가락, 발가락을 의미하는 것이라고 한다. 즉, 디지털은 손가락을 기본 단위로 하여 어떤 정보를 기록하고 표현하는 것에서 시작되었다고 볼 수 있다.

여기서 '단위'는 매우 중요한 역할을 하는데, 양손의 10개 손가락 전체를 하나의 단위로 사용하면 그 하나의 단위에서는 10가지 정보(개수)를 표현할 수 있다. 이것이 일반적으로 사용하는 10진수와 10진법의 시작이다. 만약 한 손의 5개 손가락을 하나의 단위로 사용한다면 그 단위에서는 5가지 정보를 표현(5진법)할 수 있다. 여기서 흥미로운 것은 5개 손가락 단위 2개를 조합하면 $5^2=25$개의 정보를 표현할 수 있다는 사실이다(5진법)!

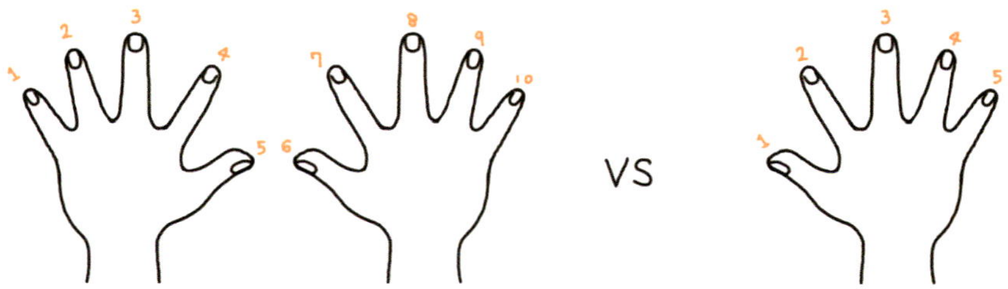

그림 2-5 10개 정보를 표현하는 단위 vs 5개 정보를 표현하는 단위

이번에는 손가락 각각을 하나의 단위로 생각해보자. 그러면 단위 하나로는 접고 펴는 2가지 정보를 표현할 수 있지만 10개의 단위(10개의 손가락)를 조합한다면 $2^{10}=1,024$가지의 정보를 표현할 수 있다(2진법). 하나의 단위는 정해진 개수의 기호로 정보를 표현하지만 단위를 조합하면 표현의 가짓수가 그 단위의 제곱 형태로 늘어난다. 사람은 손가락이 10개이지만 단위를 무엇으로 하느냐에 따라 그 손가락으로 10가지 정보를 표현할 수도 있고 1,024가지 정보를 표현할 수도 있는 것이다. 이렇듯 단위는 정보의 표현력에서 매우 중요한 역할을 한다.

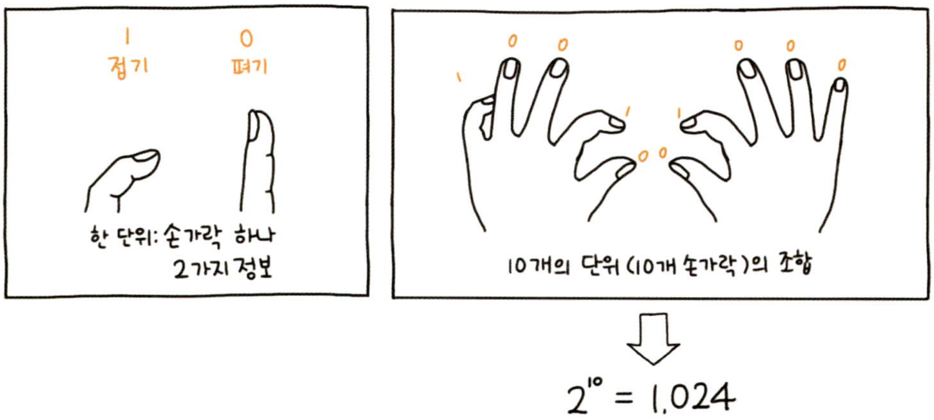

그림 2-6 단위들을 조합하면 엄청난 정보를 표현할 수 있다. 10개의 손가락으로 1,024가지 정보도 표현할 수 있다.

연습문제

손가락 하나로 3가지 정보를 표현할 수 있다(접은 것, 편 것, 반쯤 구부린 것)고 해보자. 그러면 손가락 10개를 사용했을 때 표현할 수 있는 정보의 가짓수는 최대 몇 가지일까? 그것을 무슨 진법이라고 부르면 좋을까?

비트 : 이진 표현 단위

컴퓨터에서는 정보를 표현하는 최소 기본 단위로 비트$_{\text{bit}}$를 사용한다. 1비트는 0과 1로 정보를 표현하는 이진 디짓$_{\text{binary digit}}$이다. 따라서 2비트라고 하면 2개의 비트가 조합된 것(두 자리)이고, 그것으로 나타낼 수 있는 정보는 00, 01, 10, 11의 4가지가 된다. 3비트(세 자리)로 나타낼 수 있는 정보는 000, 001, 010, 011, 100, 101, 110, 111의 8가지가 된다. 일반화하면 n비트로 2^n가지의 정보를 표현할 수 있는 것이다. 즉, 하나의 단위는 2가지 정보를 표현하지만 n 단위가 조합되면 2^n가지 정보를 표현하게 되고, 자릿수는 n이 된다.

컴퓨터에서 정보를 이진 비트로 표현하고 사용하는 이유는 무엇일까? 컴퓨터는 기본적으로 전기 전자 장치이며, 전기 전자 장치는 전기신호의 on/off(연결됨/끊김) 여부로 정보를 표현하기 때문이다. 이 조합은 매우 효율적이어서 엄청난 규모의 정보를 표현하여 저장하고 처리할 수 있게 한다.

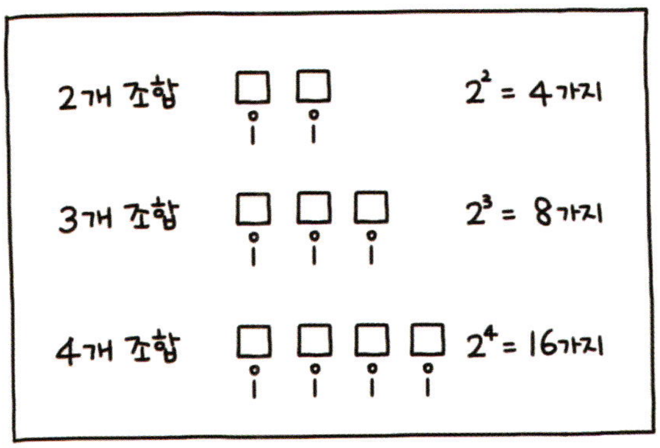

비트 수	표현의 가짓수
1	2
2	4
4	16
8	256
16	65,536

그림 2-7 n개의 비트로 2^n가지의 정보 표현

이번에는 반대로 생각해보자. 빨강 · 노랑 · 파랑의 교통신호 정보 3가지를 비트 단위로 표현하려면 몇 비트가 필요할까? 2비트로 00, 01, 10, 11의 4가지 기호를 만들어 이를 3가지 정보에 배정하면 될 것이다. 그럼 학생 100명을 각각의 비트 코드로 표현하려면 몇 비트가 필요할까? 6비트를 사용하면 000000부터 111111까지 64가지밖에 표현할 수 없어서 100가지를 표현하기에는 모자라므로, 128가지를 표현할 수 있는 7비트를 사용해야 할 것이다. 따라서 n개의 값 각각을 이진 코드로 표현하려면 $\log_2 n$보다 큰 자연수만큼의 비트를 사용해야 한다.

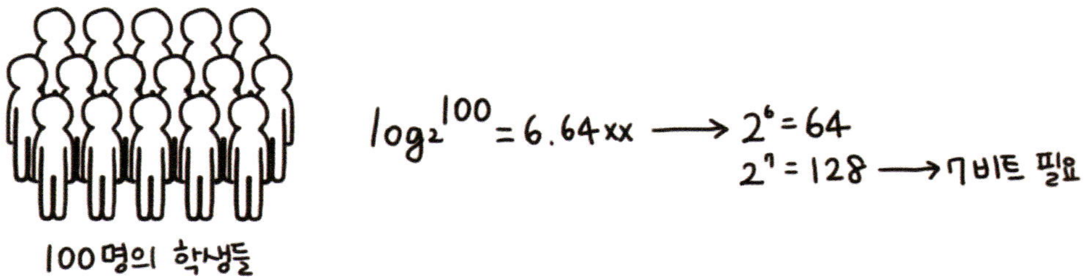

그림 2-8 $\log_2$를 사용하면 n개의 정보를 표현할 때 필요한 비트 수를 알 수 있다.

기호의 의미는 사회적 합의를 따른다

단위가 결정되면 그 단위에서 표현되는 각각의 기호가 나타내는 의미(혹은 정보)를 정해야 한다. 그래야 그 기호를 사용하는 사람들끼리 혼란을 겪지 않고 같은 코드 방식을 사용할 수 있기 때문이다. 그래서 일종의 코드 약속표에 따라 정보를 인코딩$_{\text{encoding}}$하여 코드화하고, 다시 코드 약속표에 따라 디코딩$_{\text{decoding}}$하여 의미를 해석한다.

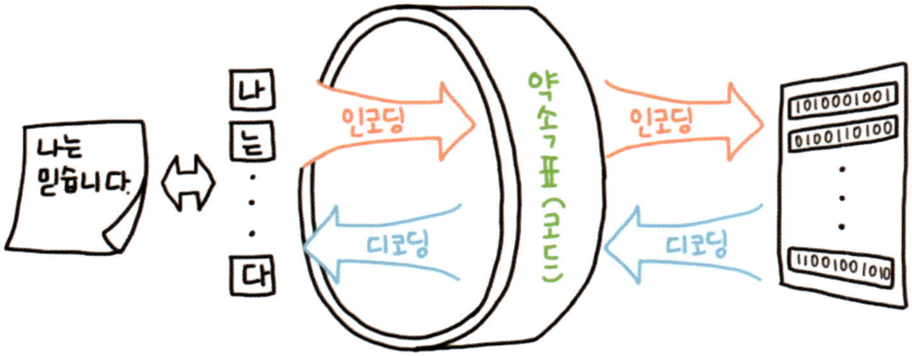

그림 2-9 인코딩과 디코딩 : 변환 약속표 사용

무한한 정보를 유한 개의 기호로 표현하다보면 잃어버리는 의미도 많지만 그럼에도 불구하고 큰 장점이 있다. 명시적으로 표현되기 때문에 정보를 기록하고 전달하는 데 매우 유용하다. 유한 개의 기호를 사용해 정보를 표현할 때 각 기호에 부여하는 의미는 상호 소통을 위해 사회에서 합의한 약속을 따른다. 기호를 잘 만들었어도 사회에서 합의한 약속에 따라 사용하지 않는다면 아무 소용이 없다. 기호 표현과 의미 부여는 그 사회의 구성원이 모두 같이 이해하고 따라야만 효율적으로 사용할 수 있다. 그렇지 않으면 정보는 그 의미가 저장될 수도 없고 전달될 수도 없다.

우리가 학교에서 배우는 수많은 지식은 그 사회가 합의해 사용하는 다양한 종류의 코드(문자, 언어, 숫자, 교통신호, 단어 등)라고 생각할 수 있다. 음성언어와 문자언어는 우리 사회에서 합의된 대표적인 정보 표현 기호들의 집합이다. 전 세계에 다양한 문자가 존재한다. 그중 하나인 우리나라의 한글은 대표적인 정보 표현 기호 체계다. 한글은 매우 효율적이고 높은 표현력을 가지고 있다.

읽 어 보 기

정보를 표현하는 기호의 다양성

정보를 표현하는 기호는 목적에 따라 다양하게 정의하고 합의하여 사용할 수 있다. 다음 그림은 2개의 깃발 위치를 다양하게 조합하여 철자를 표현하는 수기 신호다.

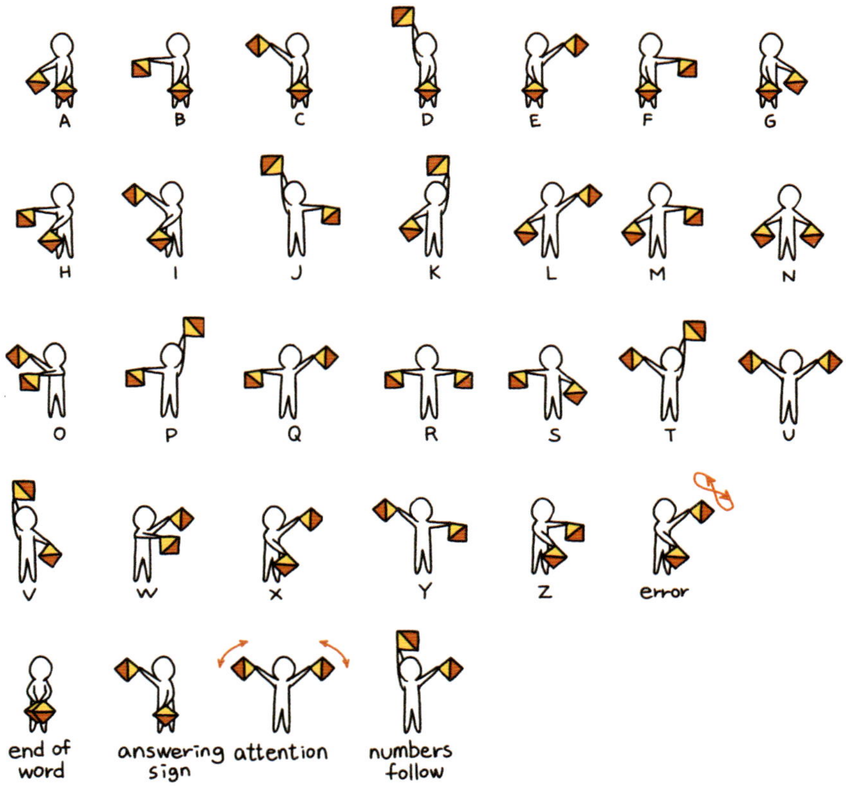

그림 2-10 재난 상황에서 사용할 수 있는 수기 신호법

03 효율적인 디지털 표현

정보를 컴퓨터와 같은 자동화 기계에서 사용하려면 이진수 형태의 디지털 코드로 변환해야 한다. 그런데 정보를 디지털로 코드화하면 일부 의미를 잃어버리게 되므로, 그러한 손실을 최소화하면서 효율적으로 변환하는 것이 중요하다.

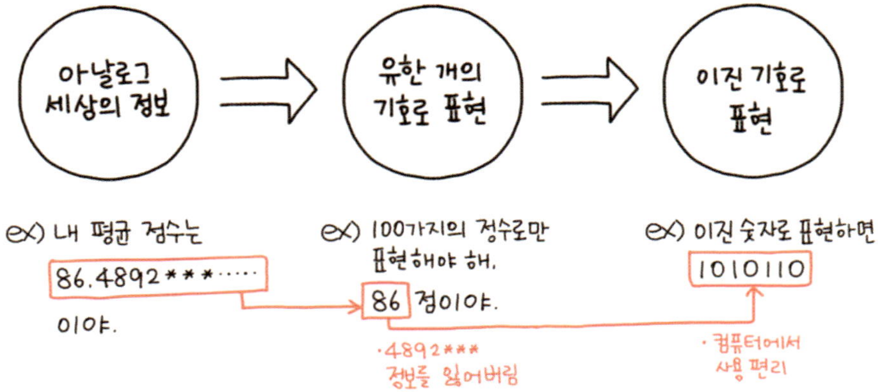

그림 2-11 정보의 이진 디지털 코드 변환

문자 정보의 표현

먼저, 문자 정보는 어떻게 이진 기호로 변환되는지 알아보자. 이를 위해 코드 변환 약속표를 사용하는데 컴퓨터에서 사용하는 영문자, 숫자, 특수문자 등을 표현하기 위한 코드 약속표 중 대표적인 것이 아스키코드와 유니코드다.

영어권에서 사용하는 기호의 개수는 몇 가지나 될까? 영문자 26개의 대문자와 소문자를 합한 52개, 숫자 10개, 다양한 기호, 여기에 컴퓨터에서 사용되는 특수문자를 더해서 128개의 기호에 대한 이진 표현을 정의해놓은 것이 아스키ASCII코드다. 몇 비트로 표현할 수 있을까? 128가지이므로 7비트만 있으면 0000000부터 1111111까지 모두 128개의 이진 표현을 만들어 그 각각에 문자와 기호에 대한 코드를 배정할 수 있다. 그 7비트에 다른 목적으로 사용하기 위하여 1비트를 추가하여 모두 8비트를 사용하는데, 8비트를 1바이트$_{\text{byte}}$라는 단위로 정의하고 있다.

	000	001	010	011	100	101	110	111
0000	NUL	DLE	SP	0	@	P	`	p
0001	SOH	DC1	!	1	A	Q	a	q
0010	STX	DC2	"	2	B	R	b	r
0011	ETX	DC3	#	3	C	S	c	s

← 상위 비트

↑ 하위 비트

100 0001$_{(2)}$ = 65 (100: 상위 비트, 0001: 하위 비트)

그림 2-12 아스키코드의 일부 : 128개의 기호가 이진으로 표현되는 일종의 약속표

영미권에서만 컴퓨터를 사용하던 시절에는 아스키코드만 있어도 문제없었으나 다른 언어권에서도 컴퓨터를 사용하게 되자 문자의 가짓수가 너무 많아져 그들의 문자를 비트로 표시하는 데 문제가 생겼다. 수많은 언어의 문자들을 다 표시해주는 코드표를 만들기 위해서는 새로운 약속표가 필요했고 그래서 나온 것이 유니$_{\text{Uni}}$코드다.

유니코드는 8비트가 아닌 16비트를 사용하여 하나의 기호를 표시하기 때문에 2^{16}= 65,536개의 문자를 표시할 수 있다. 따라서 유니코드로 한글을 비롯하여 전 세계 모든 문자를 표시할 수 있다. 그중에서 한글에는 11,677개의 기호가 할당됐는데, 한자를 제외하고는 가장 많은 수를 차지한다.

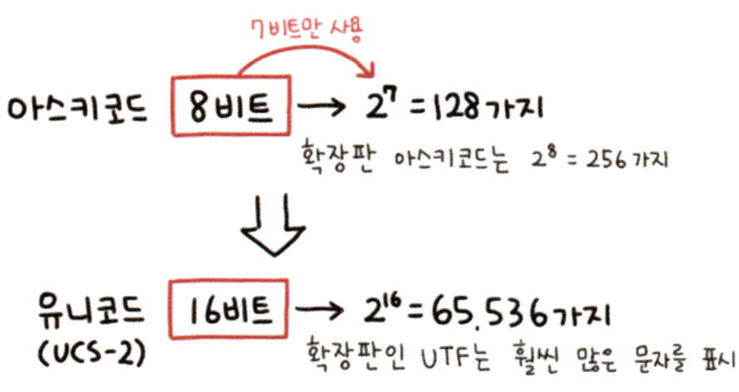

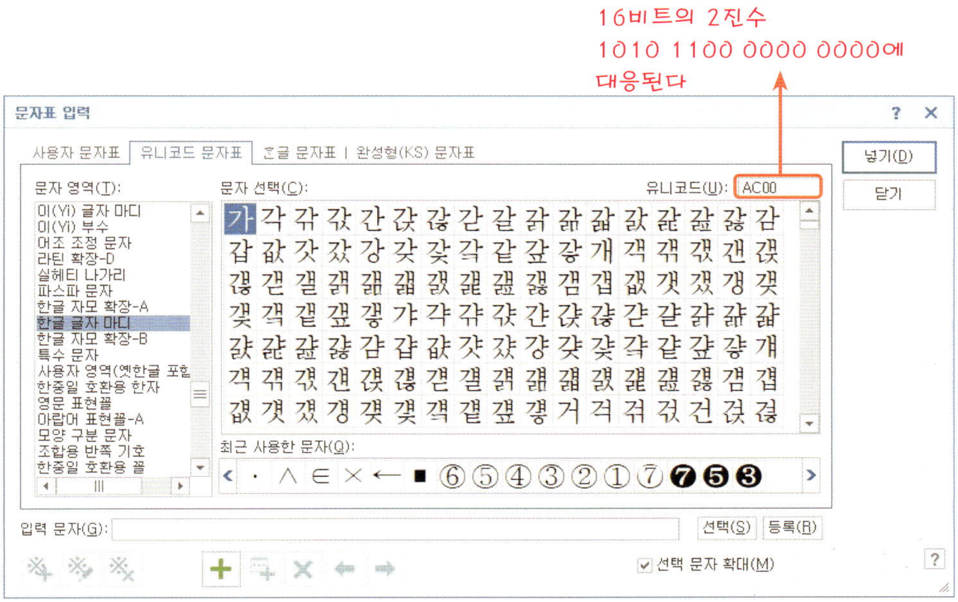

그림 2-13 유니코드의 예 : 우리가 거의 사용하지 않는 문자까지도 포함한다.

아스키코드나 유니코드는 모든 문자에 대해 동일하게 8비트 혹은 16비트 길이의 이진 코드를 사용하고 있다. 이것은 어떤 면에서는 비효율적일 수 있어서 기본 코드와는 별도로 더 효율적인 방법을 사용할 수도 있다. 예를 들어 한 문서에서 사용되는 문자는 문서의 성격에 따라 출현 빈도수가 다를 수 있는데, 자주 나오는 문자와 어쩌다 한 번 나오는 문자에 같은 길이의 코드를 배정하는 것은 그 문서의 전체 비트 수 관점에서 보면 비효율적이다. 이럴 때 문자의 빈도수에 따라 코드 길이를 다르게 생성해 그 문서와 함께 제공하면 어떨까? 그러면 문서의 크기도 작아지고, 디코딩할 때는 함께 제공된 코드 약속표를 해석에 사용할 수 있다.

허프만 코딩은 이러한 아이디어에 출발했다. 허프만 코딩Huffman coding은 대부분의 압축 프로그램에서 함께 쓰이는 방법으로, 자주 사용되는 문자는 작은 길이의 비트로 표현하고 별로 사용되지 않는 문자는 많은 비트로 된 코드로 변환하여 표현함으로써 전체 정보를 표현하는 데 필요한 비트의 전체 양을 줄인다.

허프만 코딩에서는 문자마다 최대한 효율적으로 압축될 수 있게끔 코드를 생성하고 그 코드 체계에 따라 압축한다. 그렇게 되려면 각 문자에 대한 이진 코드를 생성해야 하는데 이때 필요한 것이 허프만 트리Huffman tree다.

그림 2-14 더스틴 호프만(1978년)

한 문서에 나타난 문자와 그 문자의 출현 빈도수가 [그림 2-15]와 같은 경우에 허프만 코드로 압축하는 과정을 단계별로 살펴보자.

문자	K	O	R	E	A	N	S
출현 빈도수	100	140	110	50	70	15	130

그림 2-15 문서에 출현하는 문자와 각 문자의 출현 빈도수 예

❶ 문서에서 각 문자의 출현 빈도수를 구해 노드로 만든다.

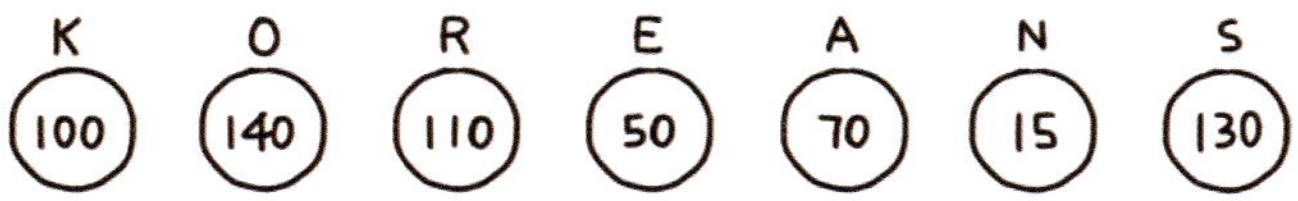

❷ 출현 빈도를 기준으로 내림차순 정렬한 후 빈도수가 가장 적은 노드 2개를 가지로 연결하고, 연결된 노드에 문자의 빈도수 합을 적는다. 이 과정을 더 이상 연결할 수 없을 때까지 반복한다.

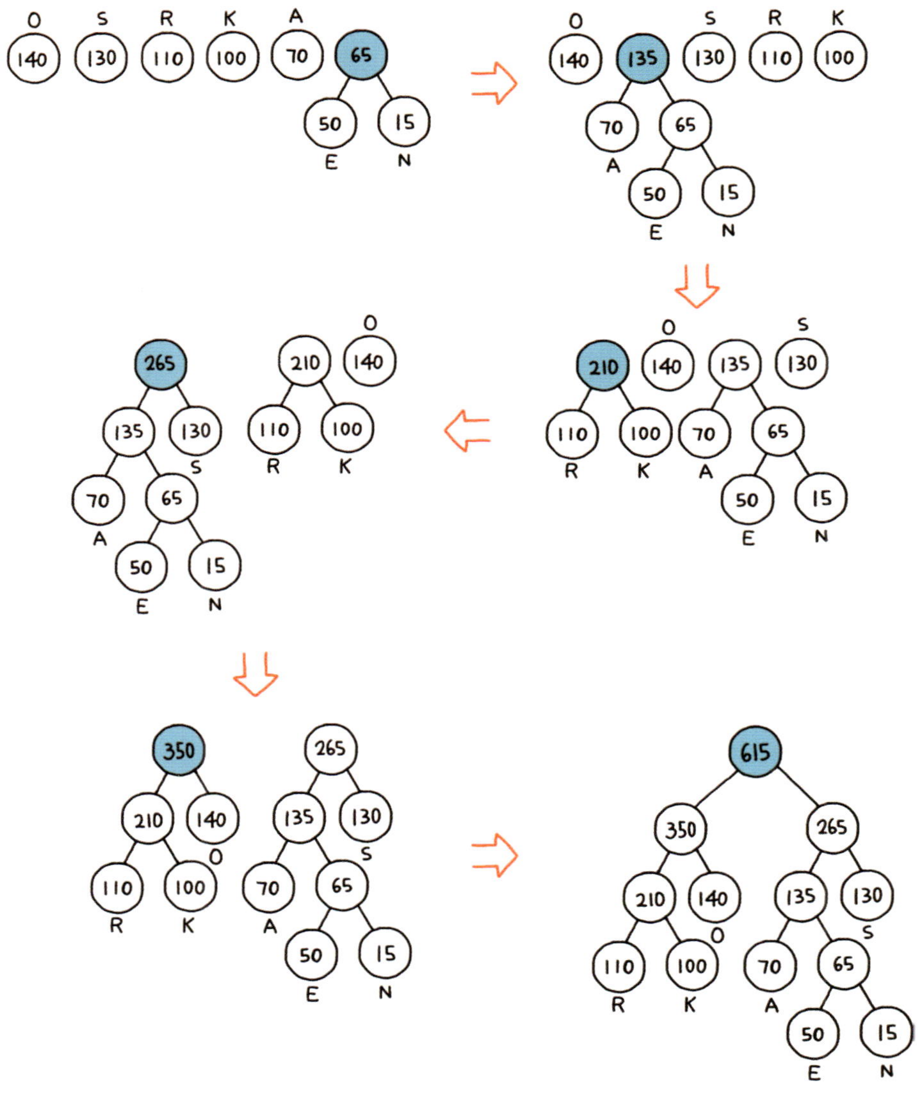

❸ 각 노드의 왼쪽 가지에는 0, 오른쪽 가지에는 1을 쓴다. 그리고 루트부터 숫자를 읽어 내려가 알파벳에 적는다. 이 숫자가 허프만 코드가 된다. 각 문자에 대한 출현 빈도와 코드 및 코드 길이를 정리하면, 출현 빈도수가 높은 문자의 코드 길이는 짧아지는 것을 알 수 있다.

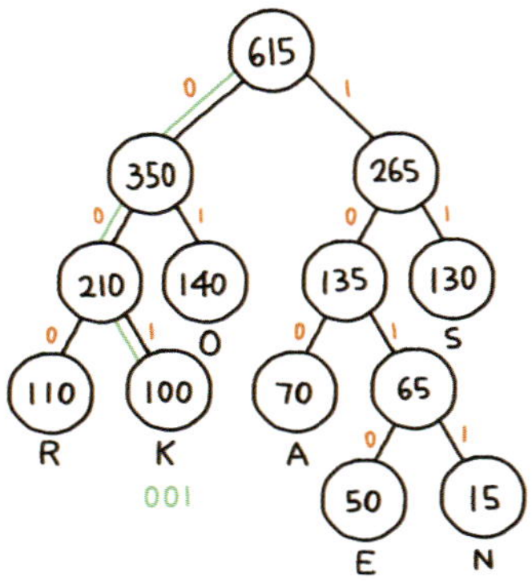

문자	출현 빈도수	허프만 코드	코드 길이(비트 수)
K	100	001	3
O	140	01	2
R	110	000	3
E	50	1010	4
A	70	100	3
N	15	1011	4
S	130	11	2

만약 이 문서의 문자들을 변환하는 데 아스키코드를 사용한다면 각 문자들의 출현 빈도수의 합은 100+140+110+50+70+15+130=615이므로, 615×8비트=4,920비트가 필요할 것이다. 하지만 앞의 예처럼 허프만 코드를 사용하면 (100×3)+(140×2)+(110×3)+(50×4)+(70×3)+(15×4)+(130×2)=1,640비트만으로도 표현할 수 있게 된다.

이미지 정보의 표현

문자와 마찬가지로 사진, 그림, 도형 등의 이미지도 이진 코드로 디지털화하여 저장할 수 있다. 이미지를 격자 모양으로 잘게 쪼갠 각 칸을 픽셀Pixel;화소이라고 한다. 각 픽셀에 대한 색상, 밝기 등의 정보를 이진 코드로 변환하고 이 모든 정보를 합하여 전체 이미지를 표현한다.

각 픽셀에 할당되는 비트 수에 따라 표현할 수 있는 정보가 달라진다. 각 픽셀에 1비트가 할당되면 0 또는 1로만 표현할 수 있으므로 밝음과 어두움 2가지(=2^1)만 나타낼 수 있다. 각 픽셀에 8비트를 할당하면 2^8=256가지 색상을 표현할 수 있고, 24비트를 할당하면 16,777,216(=2^{24})가지 색상을 표현할 수 있다.

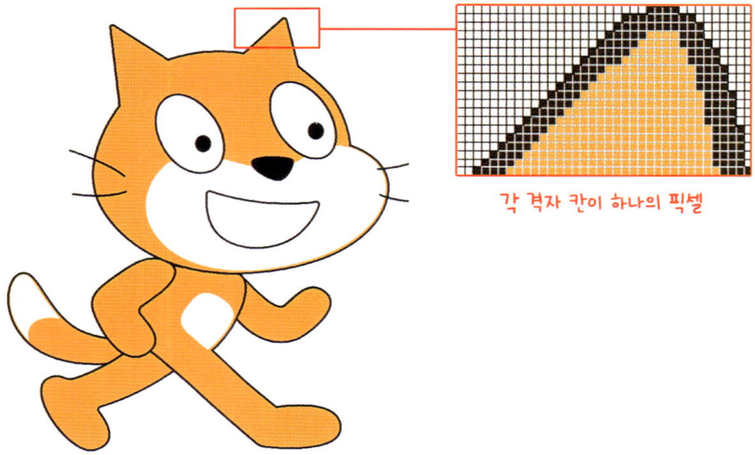

그림 2-16 이미지 정보의 디지털 표현

예를 들어 [그림 2-17]에서 (a)와 같은 각 픽셀에 1비트를 할당한 이진 이미지는 픽셀 값이 0과 1로 구성된다. 반면 각 픽셀에 8비트를 할당한 (b)와 같은 흑백 이미지는 0과 255 사이의 값으로 다양한 밝기를 표현할 수 있다.

(a)

(b)

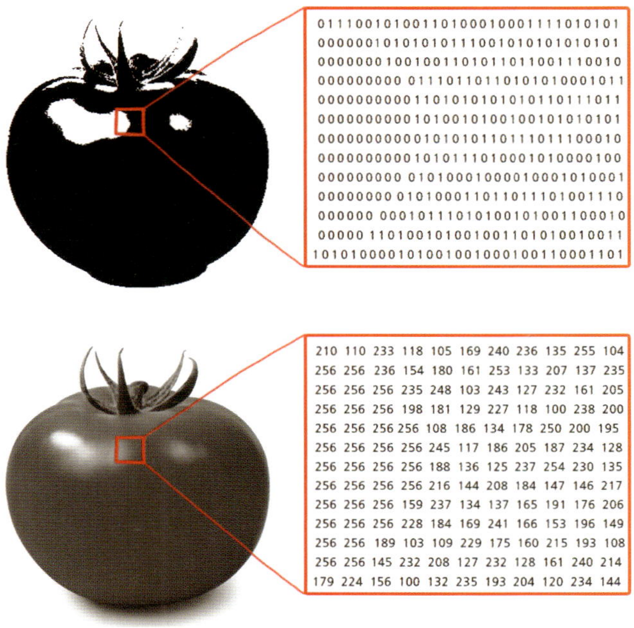

그림 2-17 각 픽셀에 할당된 비트 수로 표현할 색상 정보의 가짓수가 결정된다.

소프트웨어는 대개 RGB 방식으로 색상을 표현하는데 이는 우리 눈의 망막 세포가 빨강, 초록, 파랑을 각각 인식하여 조합하는 방식과 유사하다. 빛의 3원색인 빨강(R_{ed}), 초록(G_{reen}), 파랑(B_{lue}) 각각에 8비트를 할당해 256(=2^8)가지 밝기를 표현하고 이를 조합하여 $2^8 \times 2^8 \times 2^8$=16,777,216(=$2^{24}$)가지 색상을 표현할 수 있다.

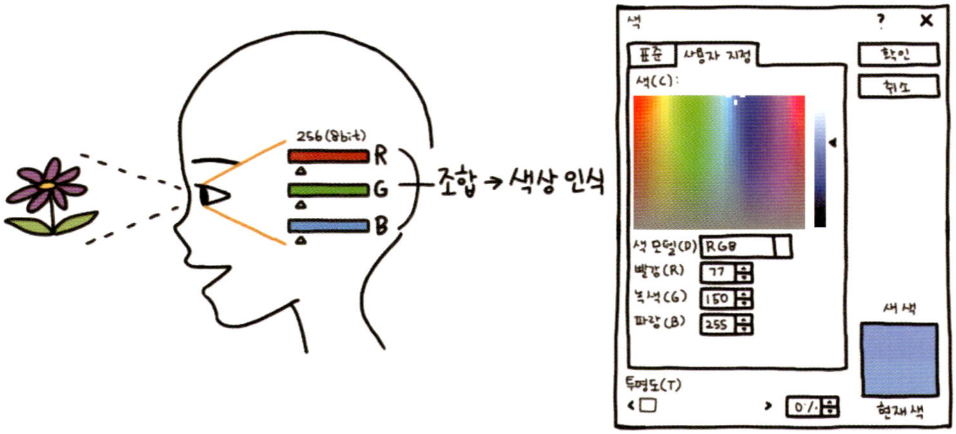

그림 2-18 빨강(Red), 초록(Green), 파랑(Blue)의 조합으로 색상을 만든다.

이미지의 화질을 이야기할 때 '화소의 수'와 '해상도resolution'라는 용어를 사용한다. 예를 들어 카메라로 이미지 하나를 찍는다고 할 때, 그 이미지를 저장하는 데 사용된 픽셀의 개수가 곧 화소 수다. 화소 수가 많을수록 더 자세하고 또렷한 모습을 저장하고 있을 것이다. 하지만 화소 수가 많은 이미지를 가지고 있더라도 모니터가 그 규모를 다 보여주지 못한다면 소용이 없다. 모니터의 해상도는 '같은 면적 안에 몇 개의 픽셀을 보여줄 수 있는가'를 말한다. 해상도의 단위는 PPIPixel Per Inch인데, 이는 1인치 안에 표현될 수 있는 픽셀의 수를 의미한다.

[그림 2-20]에 제시된 스마트폰의 사양을 살펴보자. 이 스마트폰의 카메라는 1200만 화소로 사진을 찍고 화면의 해상도는 1334×750이다. 이는 1334×750의 픽셀을 보여주도록 만들어진 화면이며, 1인치당 326개의 픽셀이 들어가도록 만들었다는 말이다.

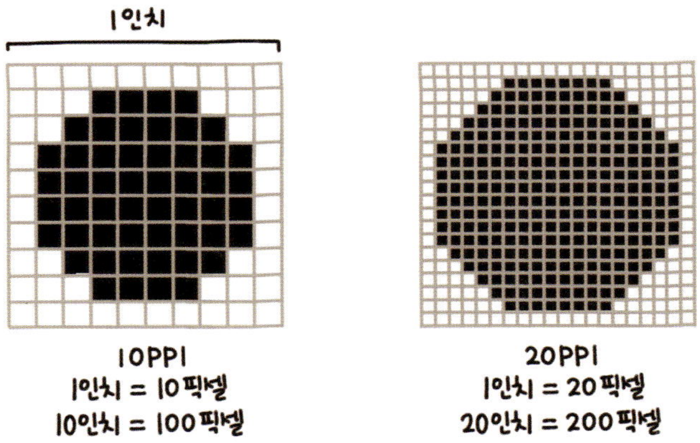

그림 2-19 해상도와 PPI

이미지의 화소가 높아도 이미지를 보여주는 기기의 해상도가 이를 지원할 수 있어야 의미가 있다. 그리고 아날로그 특성의 이미지는 유한 개의 픽셀로 표현하면 불가피하게 세밀한 정보는 잃게 될 수 있다. 그러므로 사용 목적에 맞게 이미지의 화소와 기기의 화면 해상도를 고려하는 것이 좋다.

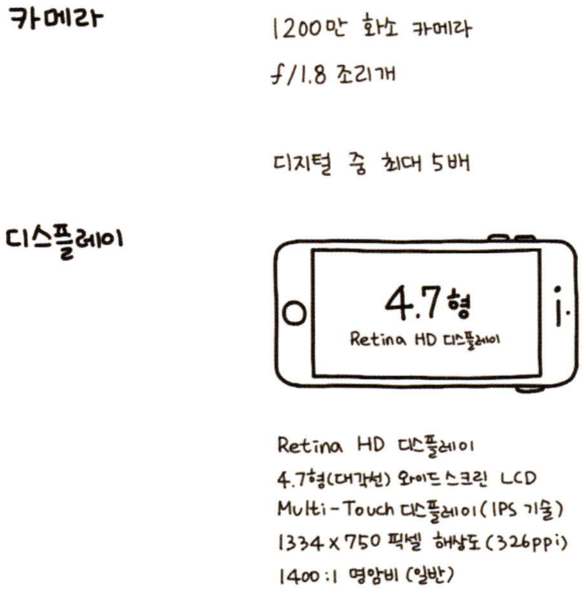

그림 2-20 스마트폰 카메라의 화소와 해상도

그림 2-21 화소 수와 해상도가 높을수록 이미지는 더 선명해진다.

지금까지 살펴본 것은 어떤 이미지를 잘게 쪼개어 각 픽셀 단위로 명암과 색상 정보 정도만 디지털로 표현한 것이다. 그것으로 이미지를 저장하고 전달하며 간단한 처리를 한다. 하지만 그 이미지에 담긴 의미적인 내용에 관한 정보를 표현하지는 못한다. 의미적인 내용이란 예를 들어, 이미지에 포함된 물건이 무엇인지를 인식하고 어떠한 상황인지를 판단하는 것을 말한다. 이것은 컴퓨터 비전과 인공 지능 분야에서 다루는 내용으로, 최근 이 분야는 딥 러닝 기술이 발달하면서 큰 진전을 보이고 있다.

소리 정보의 표현

일상에서 접하는 소리는 아날로그 형태이므로 컴퓨터에서 소리 정보를 처리하려면 디지털 형태의 이진 신호로 표현해야 한다. 소리 정보를 디지털로 변환하려면 [그림 2-22]와 같이 표본화, 양자화, 부호화 과정을 거쳐야 한다.

표본화(샘플링)는 아날로그 신호에서 일정한 시간 간격으로 잘게 쪼개 나누어 분리시키는 과정인데, 간격을 넓게 하여 대충 샘플링하면 소리의 음질이 떨어지고 좁은 간격으로 세밀하게 샘플링하면 본래 음에 가까운 소리를 만들 수 있다. 양자화는 샘플링한 신호의 크기를 정해진 정수로 표현하는 과정이고, 부호화는 양자화를 통해 얻은 정수값을 이진 신호로 변환하는 과정이다.

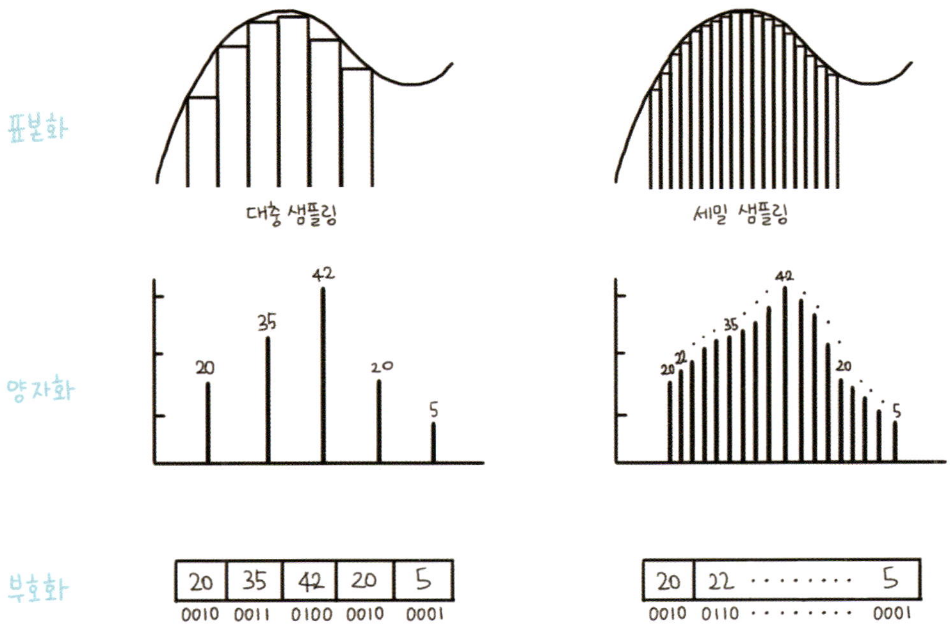

그림 2-22 소리 정보의 디지털 표현

CHAPTER 03

정보의 구조화

1 필요한 정보 요소 파악

2 정보 요소의 연결 구조

3 정보의 구조화와 자동화

4 문제 해결을 위한 구조화

읽어보기 추상화

읽어보기 생각의 구조화

정보를 명시적으로 표현하는 중요한 이유 중 하나는 정보를 공유하고 자동으로 처리하기 위함이다. 특히 자동 처리 작업을 효율적으로 하기 위해서는 그에 맞는 정보 구조를 사용하는 것이 큰 도움이 된다. 예를 들어, 수많은 학생들의 성적 중에서 특정 점수를 빨리 찾는 작업을 할 때는 성적이 점수순으로 정렬된 경우가 그렇지 않은 경우보다 효율적일 것이다.

이 장에서는 문제 상황에서 정보 요소를 추출하여 연결하고 구조화하는 과정을 살펴본다. 이를 통해 정보에 새로운 의미를 부여하고 효율적인 작업이 가능하도록 하는 방법을 생각해보자.

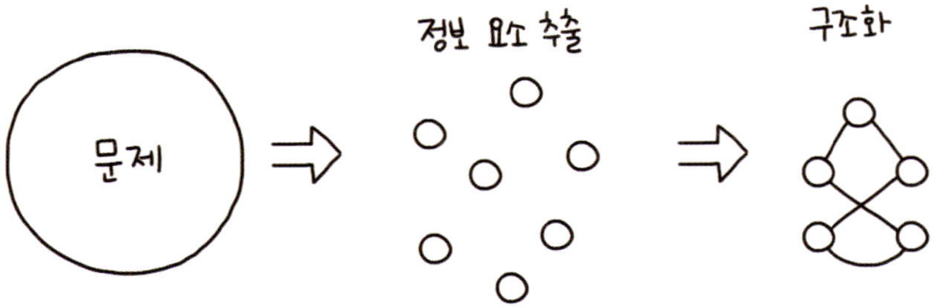

01 필요한 정보 요소 파악

어떤 상황에서 작업을 효율적으로 진행하거나 문제를 해결하기 위해 가장 먼저 할 일은 필요한 정보 요소를 파악하는 것이다. 적절한 정보만 제공받아도 상황을 판단하거나 의사 결정하는 데 큰 도움이 되기 때문이다.

예를 들어 운전면허증을 재발급 받기 위해 동주민센터 민원실을 방문했다고 해보자. 이곳에 온 민원인들의 관심사는 무엇일까? 분실 신고를 하는 창구는 어디인지, 얼마나 기다려야 하는지, 내 이름은 불렸는지, 주차권은 어디에서 받는지, 접수한 일이 얼마나 진행되었는지 등일 것이다. 따라서 이런 정보만 제공되어도 불필요한 노력과 시간 낭비, 불안감이 줄어 효율성과 만족도를 높일 수 있다.

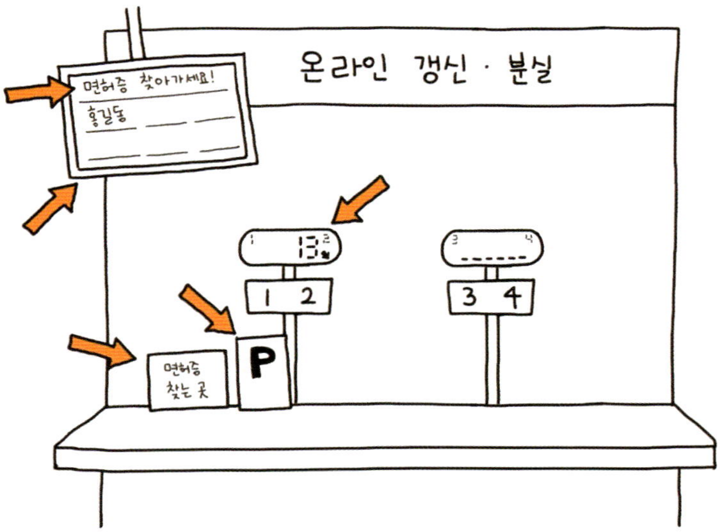

그림 3-1 적절한 정보 제공으로 효율성과 만족도를 높인 예 : 동주민센터 민원실

대부분의 동주민센터 민원실에서는 [그림 3-1]과 같이 업무 창구의 위치, 대기 순서, 일처리 완료 여부, 주차권 도장 등의 정보가 담당자와 민원인들 사이에 실시간에 명시적으로 공유되고 있다. 의도와 목적에 맞는 정보 요소를 뽑아 효율적인 방법으로 전달 혹은 공유하고 있는 것이다. 하지만 불필요한 정보는 문제 해결과 정확한 상황 판단에 오히려 방해가 될 수 있으므로 꼭 필요한 정보 요소만 사용하는 것이 중요하다.

지하철이나 버스의 도착 정보에 대한 실시간 안내도 효율성과 만족도를 높이는 비슷한 예다. 이처럼 필요한 정보를 파악하고 공유만 해도 많은 문제가 해결된다.

그림 3-2 적절한 정보 제공으로 효율성과 만족도를 높인 예 : 지하철 행선 안내 게시기

일상생활, 세상의 현상, 문제 상황 등에 숨겨진 정보 요소를 찾는 것은 호기심과 그에 기반한 관찰에서 시작된다. 즉, 호기심에서 관찰로 이어져 문제를 해결하는 새로운 실마리를 찾아낼 수 있으며, 이러한 연쇄 과정은 작업을 효율적으로 할 수 있게 한다.

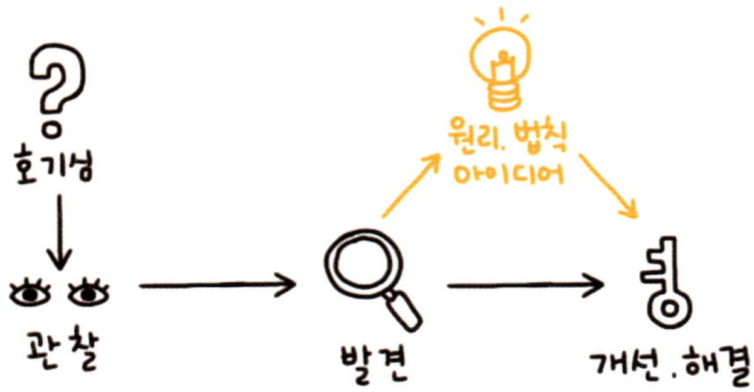

그림 3-3 문제 개선과 해결은 호기심과 관찰에서 시작된다.

연습문제

학생들의 최종 성적(A, B, C, D, F)을 내기 위해 교수자는 어떤 정보를 사용할까? 어떤 정보가 빠져 있다고 생각하는가? 혹은 어떤 정보가 불필요하게 사용되고 있다고 생각하는가? 사용되는 정보들 간에 연관 관계가 있는가?

연습문제

아프리카 국립공원에 있는 동물들의 생태계를 연구하기 위하여 동물들의 귀에 전자 추적 태그를 붙이기로 하였다. 각 태그에는 그 동물의 종류, 연번, GPS 송신기를 담았다. 해당 태그의 위치 정보가 매시간 연구 서버에 보내진다고 가정해보자. 이 정보들을 이용하여 어떤 새로운 정보를 알아낼 수 있을까?

02 정보 요소의 연결 구조

월드컵 같은 국가 대항 축구 경기를 보면 그 전략의 치밀함에 감탄하곤 한다. 11명의 선수들은 저마다 장단점이 있고 맡은 역할이 있다. 그들 간의 유기적인 연결 구조와 협업 체계가 전체 팀의 능력과 방향성을 좌우한다. 따라서 그 팀의 능력과 작전을 이해하려면 선수들 간의 연결 구조를 보는 것이 매우 유용하다. 11명 선수 각각을 정보 요소라고 할 때, 일정한 의도에 따라 그에 맞는 연결 구조를 새롭게 만들어볼 수 있다.

[그림 3-4]는 2010년 남아공월드컵이 끝난 뒤 영국 런던대학교 하비에르 로페즈 페나Javier López Peña 교수가 네덜란드 팀과 스페인 팀의 경기력을 수학적으로 분석해 그린 그림이다. 선수 11명이 어떻게 패스(선)를 주고받았는지 한눈에 보여 이 패스 구조만 보아도 어떤 문제점이 있고 이 문제를 어떻게 해결하면 좋을지 파악할 수 있다.

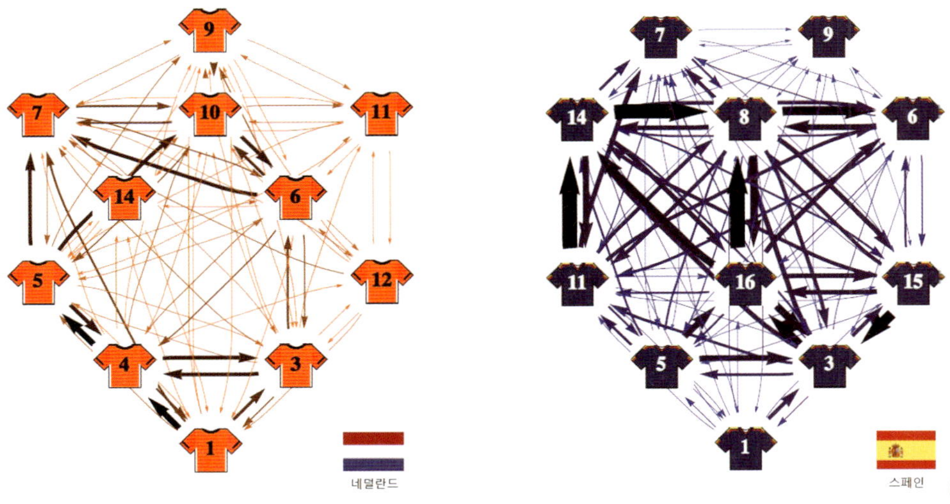

그림 3-4 선수 사이의 패스 분석(출처 : http://www.ucl.ac.uk/~ucahjlo)

사실 세상에서 벌어지는 대부분의 문제 현상은 정보 요소들의 유기적인 구조로 볼 수 있다. 구조는 정보에 새로운 의미를 부여하기도 하고, 그 자체를 또 다른 정보 요소로 볼 수도 있다. 그리고 연결 구조를 분해한 후 목적에 따라 재조합하여 새로운 구조를 만들기도 한다. 정보 요소의 구조와 재구조화를 통해 부여된 새로운 의미는 상황 판단이나 의사 결정에 매우 유용하게 쓰일 수 있다.

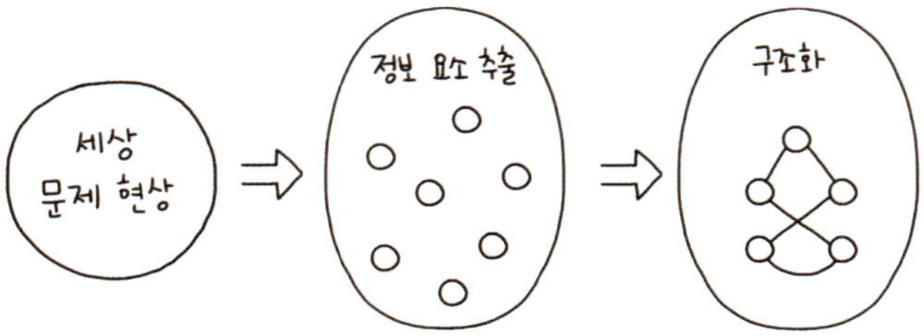

그림 3-5 문제를 분석하여 구조화한다.

정보를 구조적으로 표현하는 대표적인 방법은 정보 요소들을 선으로 연결해 관계 구조를 보여주는 것이다. [그림 3-6]과 [그림 3-7]의 각 상황을 보면 정보 요소와 연결 선이 무엇인지, 정보 요소와 연결 선의 관계를 통해 무엇을 나타내려고 하는지 쉽게 이해할 수 있다.

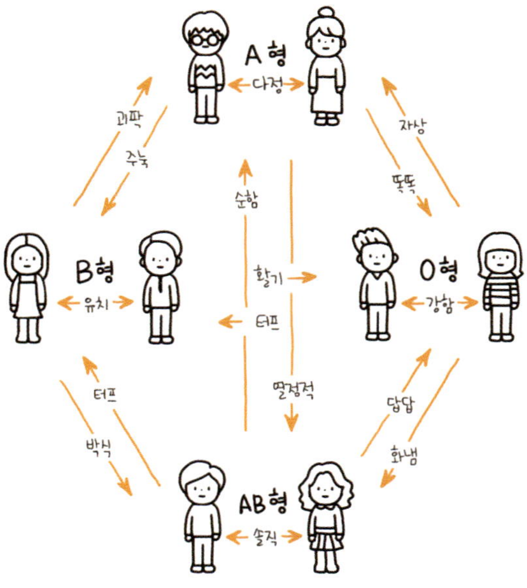

그림 3-6 혈액형별 관계도 : 혈액형 간의 상대적 특성 표현의 예

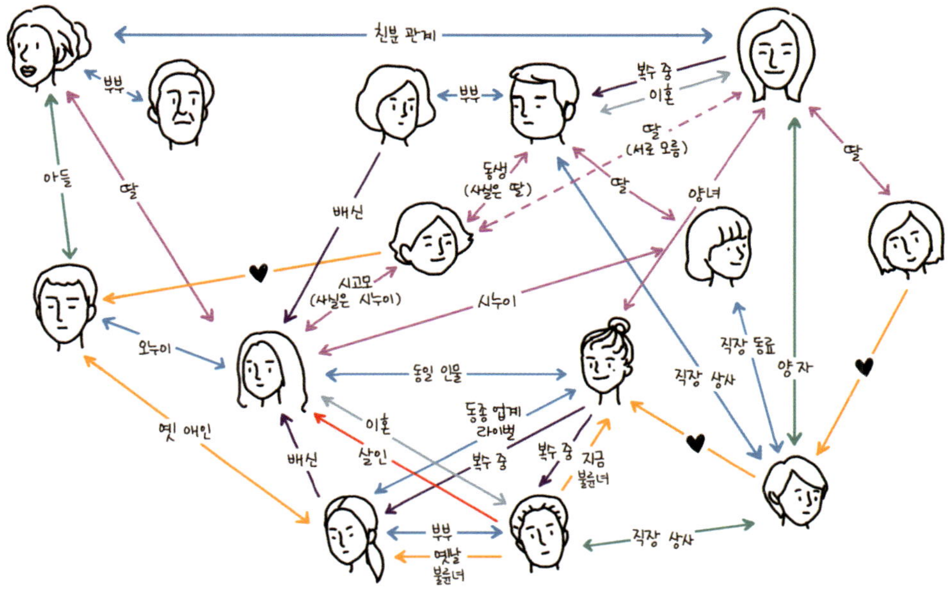

그림 3-7 인물 관계도 : 드라마 속 인물 간의 복잡한 관계 표현

이러한 연결 구조를 일반적으로 그래프graph라 부른다. 그래프는 [그림 3-8]과 같이 정보 요소(노드)와 연결 선(간선)으로 나타나는데, 노드와 간선을 각각 무엇으로 하느냐에 따라 전체 그래프가 표현하고자 하는 의미가 달라질 수 있다. 이 같은 그래프를 이용한 구조 표현은 문제 상황을 간략하고 핵심적으로 볼 수 있도록 돕는다.

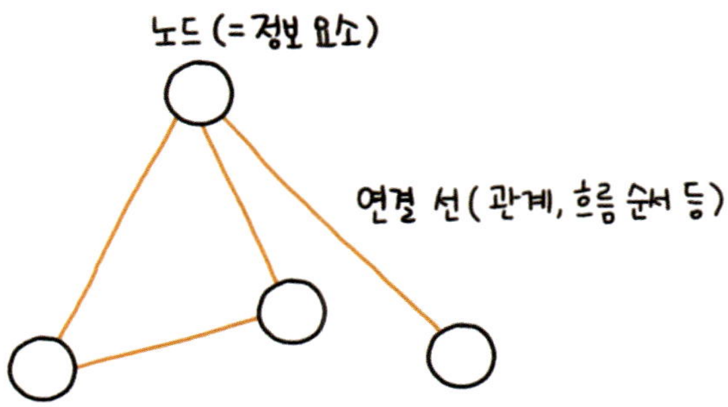

그림 3-8 그래프는 노드와 연결선으로 표현한다.

정보 요소의 관계를 표현하는 또 다른 방법은 표(테이블)이다. 표는 정보를 2차원 관점으로 분해하여 재배치하는 것이라고 할 수 있다. [그림 3-9]에 있는 테이블을 살펴보자. 이 테이블은 대학의 입학 허가 여부가 교과 성적과 교내외 활동에 따라서 결정된다고 할 때, 그 두 가지 차원(성적과 활동)의 관점에서 정보를 재배치하여 관계를 파악하게 해준다.

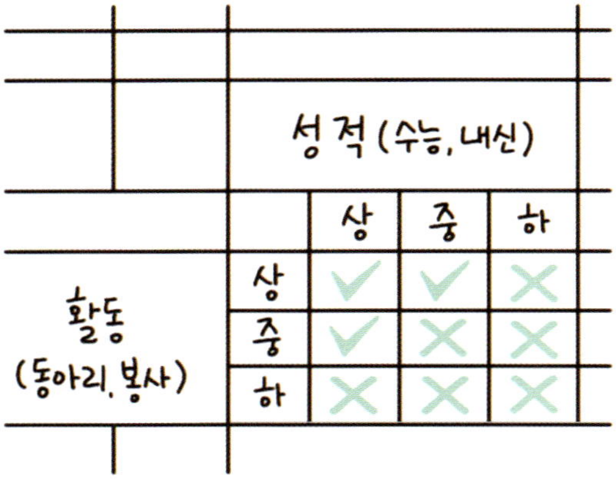

그림 3-9 정보의 테이블 구조

이처럼 문제나 현상에 나타난 중요 정보 요소들 간의 구조만 핵심적으로 표현하고 문제 해결과 직접적으로 관련 없는 것들은 제거하여 문제를 보다 간단하고 핵심적으로 만드는 것을 추상화abstraction라고 한다. 추상화는 문제의 본질에 접근하여 문제를 쉽게 해결할 수 있게 한다.

주변에서 일어나는 현상과 상황을 핵심 정보 요소와 관계 구조로 보면 그 상황의 핵심을 파악할 수 있다. 그리고 정보 요소와 관계 구조를 재구성하여 새로운 의미와 가치를 만들 수 있다. 새로운 구조는 새로운 의미를 낳는다. 시나 노래 가사가 아름답게 느껴지는 까닭은 사용되는 단어뿐 아니라 단어들 간의 관계, 즉 그 단어들로 간결한 구조를 만들었기 때문이다.

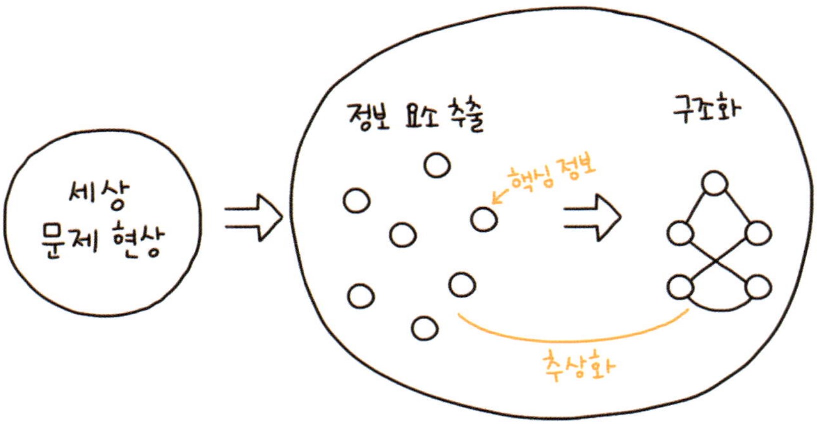

그림 3-10 문제에서 중요한 요소를 뽑아 재구조화하여 표현하는 것을 추상화라고 한다.

[그림 3-11]의 동요를 살펴보자. 리듬의 반복, 단어의 배치, 라임rhyme(동음이의어)의 구조가 매우 정교하다. 동요에서 반복되는 단어의 연결 구조는 그림과 같이 나타낼 수 있다.

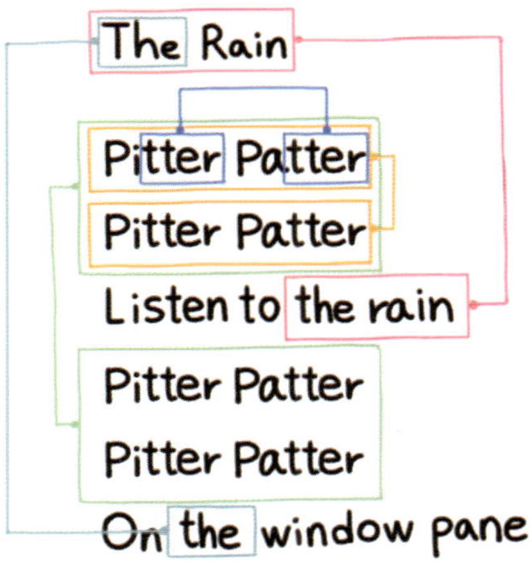

그림 3-11 시의 구조화

라임의 구조는 [그림 3-12]와 같이 랩에서도 강조된다. 구조는 새로운 의미를 만든다.

모두의 축제
서로 편 가르지 않는 것이 숙제
소리 못 지르는 사람 오늘 술래
다 같이 빙글빙글 강강 수월래
강강수월래
함성이 터져 메아리 퍼져
파도 타고 모두에게 퍼져
커져 아름다운 젊은이
갈라져 있던 땅덩어리
둥글게 둥글게
돌고 도는 물레방아
인생사 나인데
가슴 쫙 펴고 화끈하게
손뼉을 치면서 노래를 하면서
이것 보소 남녀노소
좌우로 흔들어

그림 3-12 노래 가사나 랩에도 정교한 라임 구조가 숨겨져 있다(출처 : 싸이의 '챔피언' 가사).

읽 어 보 기

추상화

[그림 3-13]은 파블로 피카소가 그린 황소 그림의 일부다. 여러 단계를 거쳐 황소를 단순화하는 과정을 보여준다. 피카소는 복잡한 황소의 모습을 한 달 동안 꾸준히 관찰하여 10개 남짓의 단순한 선으로 표현했다. 이처럼 실제로는 복잡한 대상이나 상황을 간결하고 명확하게 단순화하여 표현한 것을 추상화라 한다.

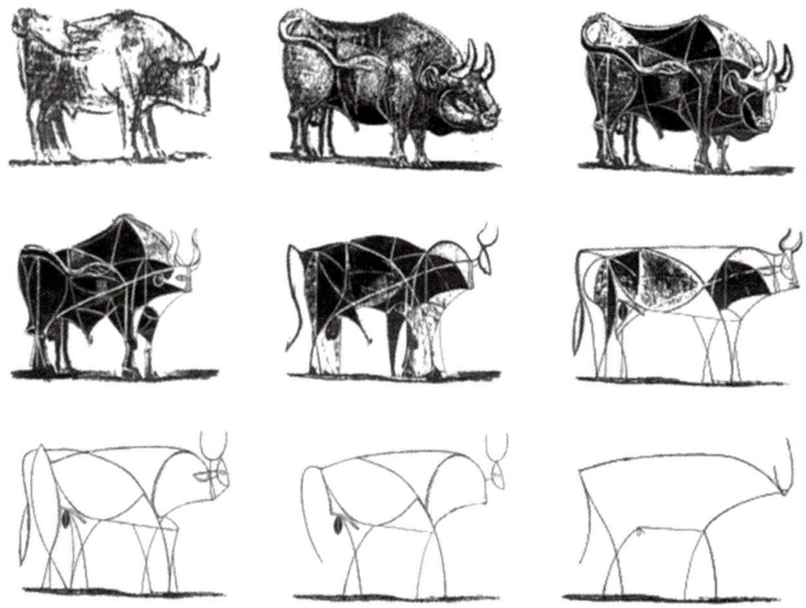

그림 3-13 추상화 과정의 예 : 피카소의 '황소'

읽어보기

생각의 구조화

구조는 생각을 효율적으로 정리하고 전달하는 데도 도움이 된다. [그림 3-14]는 《그림으로 생각하면 모든 것이 정리된다》(2012, 알에이치코리아)라는 책에서 소개하는 그림 생각 정리법이다. 복잡한 생각을 이렇게 선과 화살표, 네모와 동그라미 같은 간단한 그림으로 구조화하고 추상화함으로써 문제를 쉽게 해결할 수 있다.

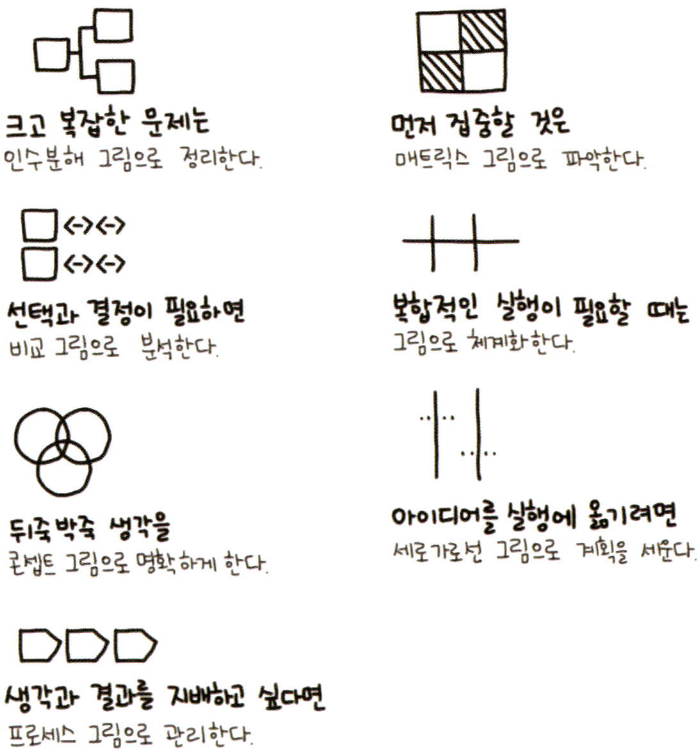

그림 3-14 생각의 구조화

03 정보의 구조화와 자동화

정보 요소의 구조화를 통해 추상화가 이루어지면 문제 상황에 필요한 정보 요소와 그 관계가 간단하게 정의된다. 그리고 이 구조를 바탕으로 반복적인 작업을 자동화하여 효율적으로 처리할 수도 있다. 구조화를 통해 문제의 핵심을 간단하게 요약한 것이 추상화이고, 그 구조 위에서 반복 작업이 자동으로 진행될 수 있도록 정의해놓은 것이 자동화다. 추상화abstraction와 자동화automation는 정보적 사고나 컴퓨팅 사고력computational thinking의 핵심 요소다.

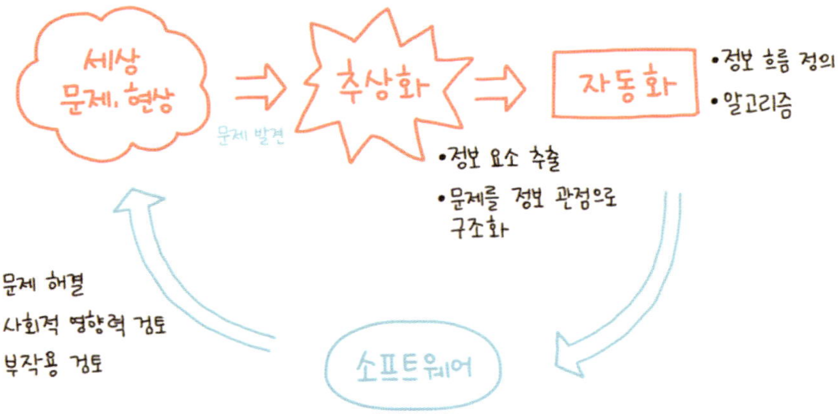

그림 3-15 추상화와 자동화

핵심 정보 요소가 적절하게 구조화되면, 그 구조를 이용해 많은 작업을 효율적으로 처리할 수 있다. 예를 들어보자.

학교에서 학생 정보는 학과, 학년, 이름 순으로 구조화되고 그 구조 속에서 한 학생은 학번으로 지정된다. 따라서 학번에는 많은 정보가 코드화되어 있다. 2019년에 언어학과에 입학한 학생 중에서 성이 '김'씨인 학생을 찾는 작업은 이 구조 덕분에 쉽게 수행할 수 있다.

주민등록번호도 [그림 3-16]과 같이 여러 정보가 코드화되어 있다. 정보들이 구조화되어 있으면 검색이나 분류 작업 등을 할 때 매우 용이하다.

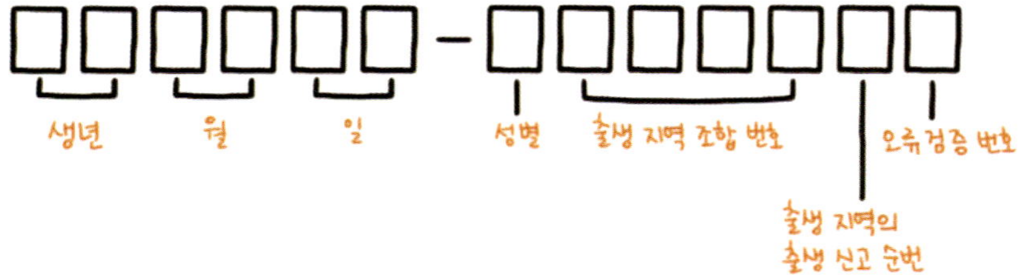

그림 3-16 주민등록번호의 구조

어떤 경우에는 작업의 효율적인 자동화를 먼저 고려한 후 정보 요소를 구조화하기도 한다. 작업에 따라 특정 구조가 작업의 흐름을 더 효율적으로 정의할 수도 있기 때문이다. 이런 예를 주변에서도 어렵지 않게 볼 수 있는데 그중 하나가 검색searching이다.

수많은 항목 중에서 원하는 것을 빠르게 잘 찾는 작업, 즉 검색search은 어떤 일을 할 때 가장 기본적인 작업이 되는 경우가 많다. 컴퓨터 과학에는 자료 구조data structure라는 분야가 있는데, 여기서 다루는 구조는 대부분 검색 작업을 용이하게 하기 위한 것이다. 1차원 배열, 2차원 배열, 트리, 그래프 같은 구조는 대부분 검색 알고리즘과 밀접한 관계가 있다.

[그림 3-17]은 1937년 당시 체코 프라하에 있던 사회보험 회사의 자료실 사진이다. 디지털 처리 기술과 저장 장치가 나오기 전이지만, 산업혁명으로 인해 기계식 이동 장치는 사용되던 시기였다. 고객 관련 자료들이 서랍에 담겨 있고, 직원은 필요한 자료를 쉽게 찾아서 처리할 수 있도록 이동 장치가 만들어졌다. 그림에서 볼 수 있듯이, 자료는 2차원으로 배열된 정리함에 들어 있다. 아마도 정리함은 알파벳이나 숫자로 된 키워드별로 정리되어 있었을 것이다. 이 구조는 특정 정보를 찾는 작업을 더 효율적으로 만들 수 있다. 그러면 고객의 자료는 어떻게 구조화하여 저장하고 관리해야 더 효율적으로 검색할 수 있을까?

일반적으로 정보들은 일정한 기준에 의해 정돈되어 있고, 정보가 들어 있는 각각의 칸은 인덱스로 표시된다. 그래서 해당 구조의 인덱스를 사용하면, 그 칸에 있는 정보를 가져오거나 새로 넣을 수가 있다.

그림 3-17 1937년 체코 프라하에 있던 사회보험 회사의 자료실(출처 : http://bit.ly/2wnSuWz)

이와 비슷한 예를 도서관에서도 쉽게 볼 수 있다. 도서관에서는 수많은 책을 체계적으로 정리하고 보관하기 위해, 사용자가 쉽게 원하는 책을 찾을 수 있도록 돕기 위해 서지 정보라는 정보 요소를 구조화해두었다. 서지 정보는 어떤 내용이며, 어떤 구조로 정의되어 있을까? 그리고 그 구조가 '검색'과 '관리'라는 동적인 행위에 얼마나 효율적일까?

[그림 3-18]의 예와 같이 서지 정보에는 다양한 정보가 구조화되어 있고 이 구조화를 통해 검색과 관리 작업을 쉽게 할 수 있다.

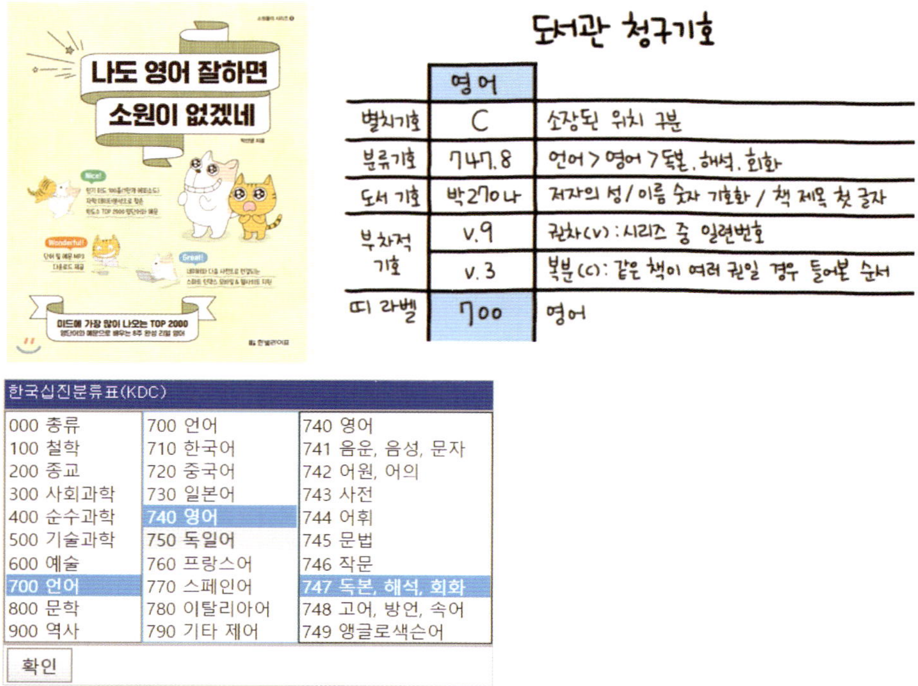

그림 3-18 도서관의 서지 정보 : 이러한 구조화는 검색과 관리 작업을 쉽게 한다.

최근에 변경된 우리나라의 도로명 주소 체계, 우편번호 체계도 검색과 관리라는 작업을 편리하게 하기 위해 구조화한 예다.

구조를 조금 일반화하면 배열array로 표현할 수 있다. 배열은 어떠한 기준key에 따라 차례대로 나열된 구조를 말한다. [그림 3-19]의 (a)는 어느 학년의 반 번호에 따른 배열이다. 배열의 각 칸에는 인덱스가 있어 이 인덱스 값으로 작업할 수 있다. 새로운 배열을 다른 기준으로 만들 수도 있다. 그림 (b)처럼 반마다 학생 번호에 따른 배열을 만들 수 있다. 그리고 그림 (c)처럼 학생 번호를 반별로 각각 붙여 2차원 배열을 만들 수도 있는데, 이 경우 배열에서 각 칸의 인덱스는 (반 번호, 학생 번호)로 정하면 된다. 여기서 더 나아가 학년까지 기준으로 사용하여 3차원 배열을 만들 수도 있다. 이 경우 인덱스는 3가지 기준, 즉 (학년, 반 번호, 학생 번호)를 사용하면 된다.

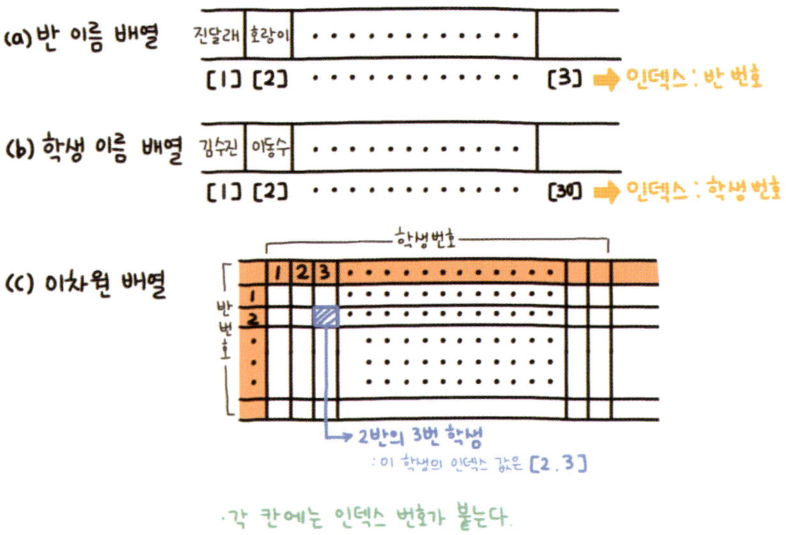

그림 3-19 배열 구조 : 각 칸의 정보에 인덱스가 붙는다.

이렇게 배열을 만들어 구조화하면 검색 작업이 쉬워진다. 예를 들어 각 반의 학생 번호가 이름의 가나다 순서대로 정해졌다면 이 학교에 다니는 모든 학생 중에서 이름의 가나다 순서가 제일 빠른 학생을 찾는 작업은 간단하게 정의할 수 있을 것이다.

그림 3-20 출석부도 일종의 배열 구조다. 정보의 구조에 따라 효율적인 작업을 할 수 있다.

이렇듯 정보의 '구조'와 '작업'의 효율성(자동화)은 매우 밀접한 관계가 있다. 적절한 구조화가 효율적인 자동화 작업을 가능하게 하고, 효율적인 작업 알고리즘에 따라 그에 맞는 구조화가 이루어질 수도 있다.

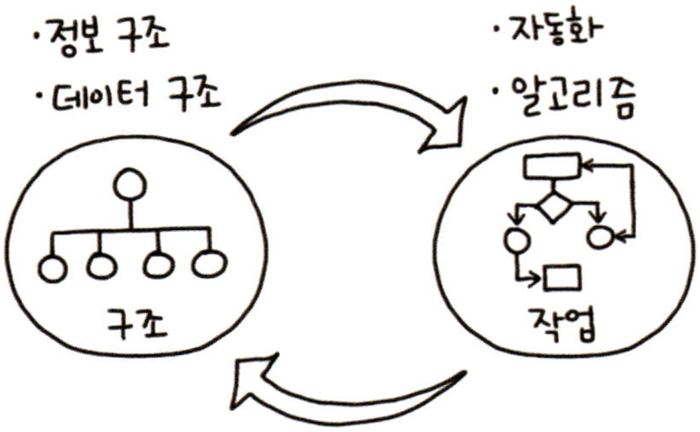

그림 3-21 효율적인 구조가 효율적인 작업을 가능하게 하므로 정보(데이터) 구조와 알고리즘은 서로 연관되어 있다.

연습문제

휴대폰 속에 있는 수천 장의 사진을 어떻게 구조화하여 보관·관리해야 쉽게 찾아볼 수 있을까? 어떤 요소를 사용하여 어떤 구조를 만들어야 할까? 휴대폰에서 사용하는 구조화 방법을 검토하고, 여러분의 아이디어를 제시해보라.

그림 3-22 효율적으로 작업하려면 그에 맞는 정보 요소와 구조가 필요하다.

04 문제 해결을 위한 구조화

이제 좀 더 깊이 들어가보자. 컴퓨터 동작의 기본은 수많은 정보를 빠르게 검색하는 것이다. 컴퓨터는 이 동작을 위해 정교하고 구체적인 구조를 사용한다. 그 구조는 정보와 데이터의 동적인 흐름, 즉 탐색 규칙이나 알고리즘과 잘 연결되어 사용될 수 있어야 한다. 대부분의 알고리즘과 프로그램은 그러한 구조 위에서 정의된다.

알고리즘과 프로그래밍에서 사용되는 대표적인 구조는 배열array, 테이블 혹은 표, 트리, 그래프다. 데이터를 일정한 구조에 저장하고 그 구조를 사용한 알고리즘을 만드는 것이 일반적이지만, 문제 자체를 그 같은 구조로 표현할 수도 있다. 즉, 문제 자체를 재구조화 혹은 추상화하여 문제 해결을 쉽게 할 수 있다.

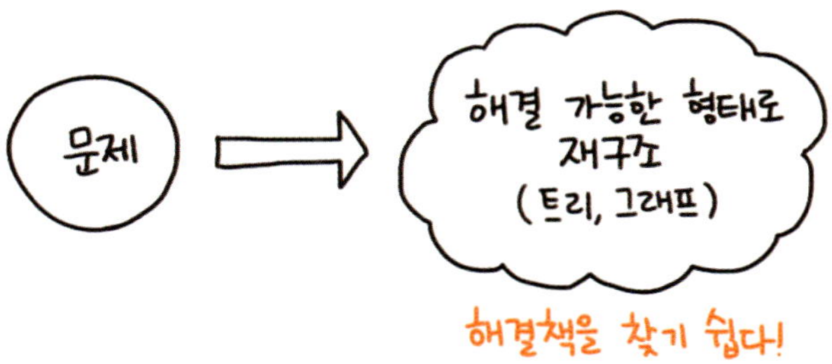

그림 3-23 문제의 재구조화

문제 해결problem solving이라는 용어는 다양한 관점으로 해석될 수 있다. 일반적으로 문제problem 상황이란 현재 상태state와 목표 상태 사이에 차이gap가 있는 것을 말하고, 문제 해결이란 현재 상태에서 목표 상태까지 순차적인 과정을 밟아 찾아가는 것을 말한다. 다음 문제를 생각해보자.

그림 3-24 농부와 늑대와 양이 강을 건너야 하는 문제

이런 형태의 문제는 초기 인공 지능 분야에서 문제 해결 전략과 알고리즘을 연구하기 위해 사용했다. 먼저 컴퓨터의 강력한 특기인 '빠르게 찾기' 전략을 사용하게 되는데, 찾기를 적용하려면 효율적인 탐색이 가능한 구조로 문제 해결에 필요한 정보 요소들이 구조화되어 있어야 한다. 검색과 탐색은 모두 찾는다는 의미이지만 검색은 알고 있는 키 값을 그 속에서 찾는다는 의미이고, 탐색은 어떤 조건에 맞는 답(그것이 무엇인지는 현재는 모르지만)을 찾아낸다는 의미다.

탐색을 위한 구조에는 앞서 간단히 살펴본 배열array 외에도 트리, 그래프 등이 있는데 이들은 모두 '노드'와 '연결선'으로 구성되어 있다. 트리나 그래프 등의 구조에서 각 노드는 어느 하나의 '상태'를 나타내고 연결선은 하나의 상태에서 다른 상태로 갈 수 있는 조건을 나타낸다. 이 기본 구조를 사용하여 앞에 제시한 강 건너기 문제를 구조화해보자.

시작 상태는 '강 이쪽에 남자, 늑대, 염소, 양배추, 배'가 있는 상태이며, 목적 상태는 모두 강을 건너간 상태다. 시작 상태에서 '남자가 건너감'이라는 조건 연결선에 따라 '이쪽에는 늑대, 염소, 양배추가 있고 저쪽에는 남자와 배'가 있는 상태가 된다.

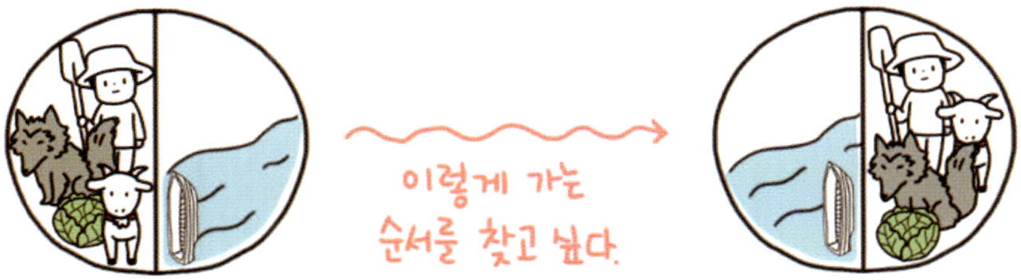

그림 3-25 시작 상태와 목적 상태

가능한 상태는 [그림 3-26]과 같이 모두 $2^4=16$가지다. 시작 상태에서 시작하여 다양한 조건에 따라 상태들을 이동해 결국 목표 상태까지 가는 트리 구조로 구성할 수 있다. 이렇게 되면 그다음 탐색 작업은 아주 효율적으로 이루어질 수 있다. 왜냐하면 트리 구조의 탐색 작업 알고리즘은 많이 알려져 있기 때문이다. 그래서 그러한 알고리즘을 사용할 수 있는 구조만 만들면, 즉 문제를 노드와 연결선으로 구조화하기만 해도 문제 해결은 쉬워질 수 있다. [그림 3-26]은 이러한 과정을 일반화하여 보여주고 있다.

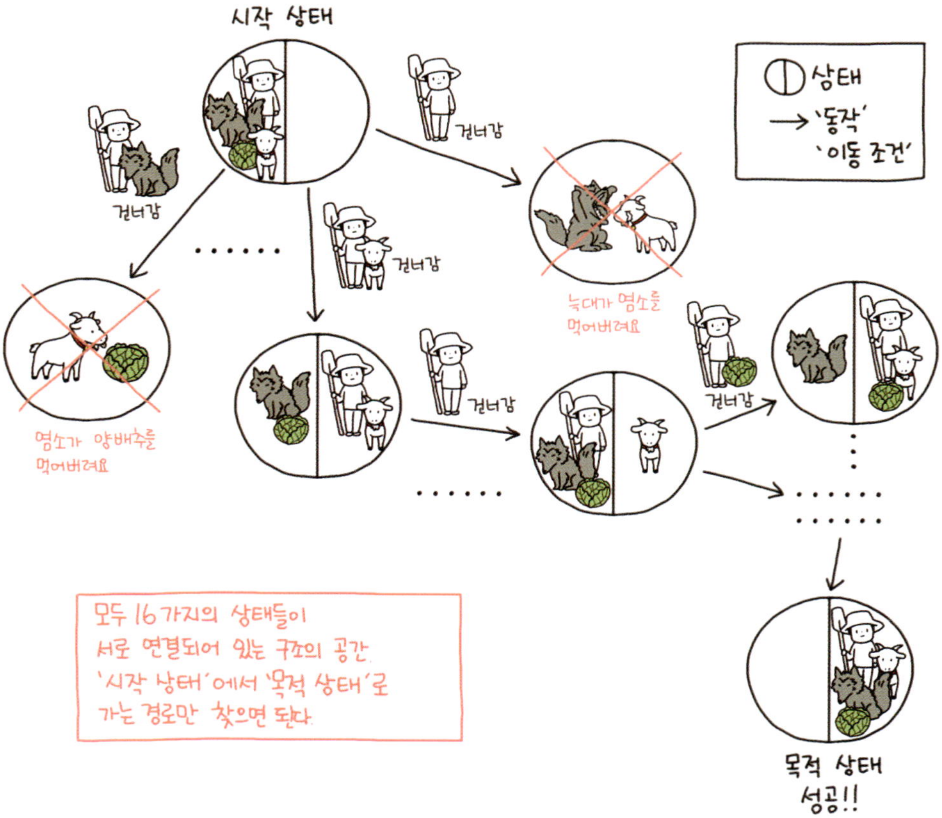

그림 3-26 강 건너는 문제의 상태 공간 표현

우리가 접하는 수많은 문제 상황이 이처럼 노드와 노드 간의 연결선 형태로 표시될 수 있다. 다만 문제 해결 목적에 따라 무엇을 노드로 할 것인지, 무엇을 연결선으로 할 것인지가 달라진다.

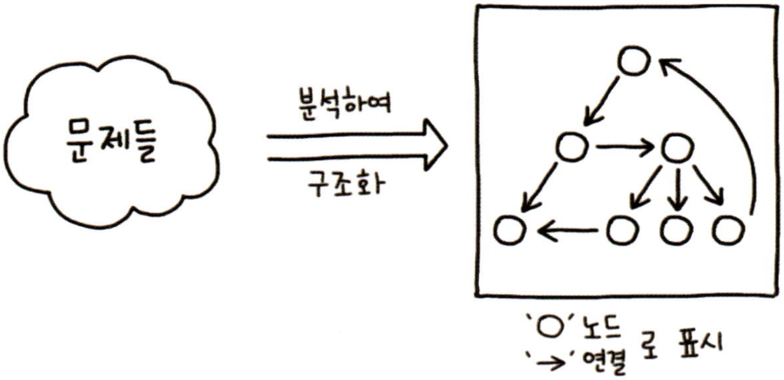

그림 3-27 문제를 해결 가능한 형태로 재구조화

노드와 연결선을 이용한 문제 정의는 실제로 여러 곳에서 사용되고 있다. 그중 하나가 소프트웨어 공학이라는 분야다. 소프트웨어 공학Software Engineering은 고객의 요구를 파악하여 그 요구를 자동화해주는 시스템을 설계하고 구현하기 위한 많은 방법론과 도구들을 다루고 있다. 소프트웨어 공학에서 가장 어려운 부분은 고객의 요구 사항을 정확하게 파악하여 정보 시스템으로 표현하는 것이다. 요구 사항 파악이 어려운 이유는 사람의 생각과 언어가 대부분 모호하고 불완전할 뿐 아니라 상호 충돌하거나 비논리적일 때도 있기 때문이다.

이러한 문제를 해결하기 위해 여러 가지 방법을 사용하는데 그중 하나가 생각을 명확하게 표현할 수 있게 도와주는 추상화 도구들이다. 추상화 도구를 활용해 핵심 기능과 동작을 설계할 수 있으며, 설계한 것 그대로 시스템으로 구현할 수 있다. 추상화 도구들은 노드와 연결선을 사용한다. [그림 3-28]은 이에 해당하는 예들을 보여준다.

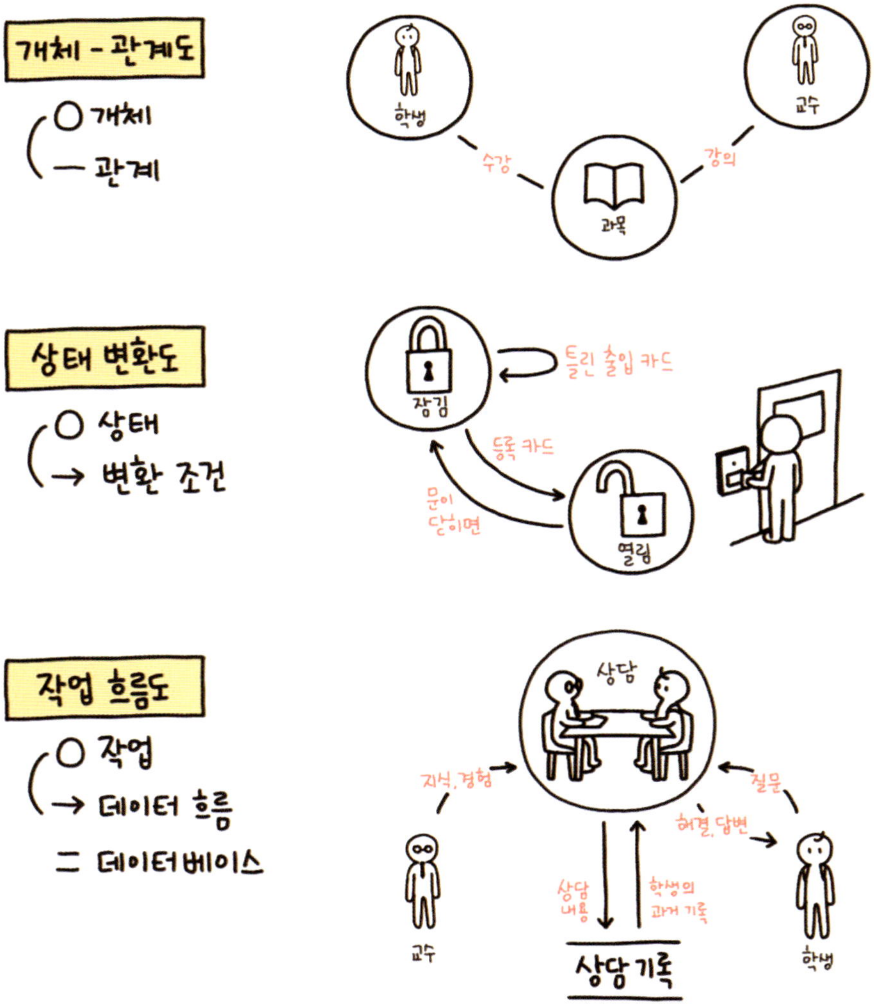

그림 3-28 추상화를 위한 다양한 재구조화 도구

연습문제

유명한 음식점에 가면 빈자리가 없을 때가 많다. 이럴 때는 보통 입구에 있는 직원에게 내 이름과 인원수를 말하여 대기자 명단에 적고 내 이름을 부를 때까지 기다린다. 그런데 여기에는 몇 가지 문제가 있다. 먼저 대기자 명단이 길면 얼마나 기다려야 하는지 알 수가 없어 불안하고 답답하다. 한없이 귀를 세우고 입구에서 서성대야 한다. 만약 대기자 명단에 끼어들기가 발생하면 직원에게 항의하는 일이 생기기도 한다. 대기자 명단을 관리하기 위해 직원이 계속 그 일에 배치되어야 하므로 인력 낭비도 생긴다. 또 손님 입장에서는 자리를 안내받고 난 다음에 메뉴를 보고 주문하기 때문에 시간이 많이 낭비된다. 이런 문제를 정보 관점에서 해결할 수 있을까?

[그림 3-29]는 어느 음식점 입구의 모습이다. 이 음식점은 손님들의 대기 시간이 길어지면서 발생하는 문제를 해결하기 위해 정보 시스템을 활용했다. 입구에 있는 모니터 화면에 대표자 이름과 인원수, 연락할 휴대폰 번호를 입력하면, 그 앞에 대기하고 있는 팀 수와 예상 대기 시간이 표시된다. 그 후 휴대폰 메신저로 대기 상태를 계속 업데이트하여 알려주고 내 순서가 되었을 때에는 호출 연락이 온다. 음식 메뉴 주문도 미리 해둘 수 있다.

이 시스템의 정보 구조를 생각해보자. 어떤 정보 요소들이 어떤 구조로 되어 있으며, 거기서 어떤 작업들이 배정될 수 있는지 그려보자. 또한 더 개선할 수 있는 방법이 있는지 이야기해보자.

그림 3-29 음식점의 대기자 명단 관리 시스템

CHAPTER 04

자동화 알고리즘

1 정보의 흐름 순서

2 알고리즘의 기본

3 검색 알고리즘

4 정렬 알고리즘

5 트리 구조 탐색 기법

6 프로그래밍

3장에서는 의사 결정, 문제 해결 등을 위해 필요한 정보 요소를 파악하고 구조화하는 방법을 살펴보았다. 이 구조를 사용하여 정보의 처리 흐름 혹은 순서를 정의하여 어떠한 작업을 수행하도록 정의하는 것이 알고리즘이다. 알고리즘은 그 작업에 대한 일종의 설계도 같은 것인데 유사한 정보처리 작업에 재사용될 수 있다. 즉, 알고리즘은 정보처리 작업의 자동화 기계라고 할 수 있다.

이 장에서는 알고리즘, 즉 정보의 처리 흐름을 어떻게 정의하고 사용하는지를 간단한 예를 통해 살펴보자.

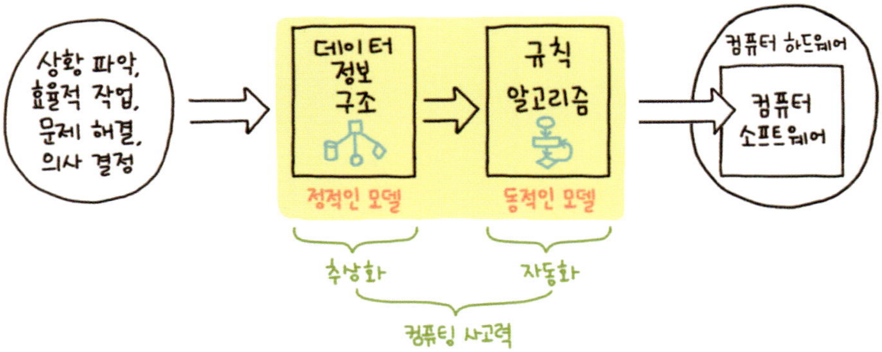

01 정보의 흐름 순서

제임스 글릭James Gleick의 책 《Information》에 [그림 4-1]과 같은 내용이 나온다. 컴퓨터 알고리즘 분야의 선구자인 크누스Knuth 교수가 1972년 런던 대영박물관에서 본 고대 바빌로니아 점토판의 내용이다.

A cistern.
The height is 3, 20, and a volume of 27, 46, 40 has been excavated.
The length exceeds the width by 50.
You should take the reciprocal of the height, 3, 20, obtaining 18.
Multiply this by the volume, 27, 46, 40, obtaining 8, 20.
Take half of 50 and square it, obtaining 10, 25.
Add 8, 20, and you get 8, 30, 25.
The square root of 2, 55.
Make two copies of this, adding to the one and subtracting from the other.
You find that 3, 20 is the length and 2, 30 is the width.
This is the procedure.

저수지.
높이는 3, 20, 용적은 27, 46, 40.
가로가 세로보다 50 초과.
높이 3, 20의 역수는 18.
여기에 용적 27, 46, 40을 곱하면 8, 20.
50의 반을 제곱하면 10, 25.
여기에 8, 20을 더하면 8, 30, 25.
제곱근은 2, 55.
이를 둘로 복사해 하나에는 더하고 다른 하나에서는 빼면
가로는 3, 20이고 세로는 2, 30.
이것이 바로 절차.

그림 4-1 고대 바빌로니아 점토판에 적혀 있는 가로세로를 구하는 알고리즘

고대 바빌로니아 인들이 절차procedure를 사용하여 알고리즘을 정의한 내용은 매우 놀랍다. 높이와 용적, 조건을 가지고 가로와 세로의 값을 구하는 '알고리즘'을 보여주고 있다. 높이와 용적, 조건이 달라지더라도 그것을 저 알고리즘에 넣기만 하면 자동으로 가로와 세로의 값이 나오게 만들어진 것이다. 이것이 알고리즘이다.

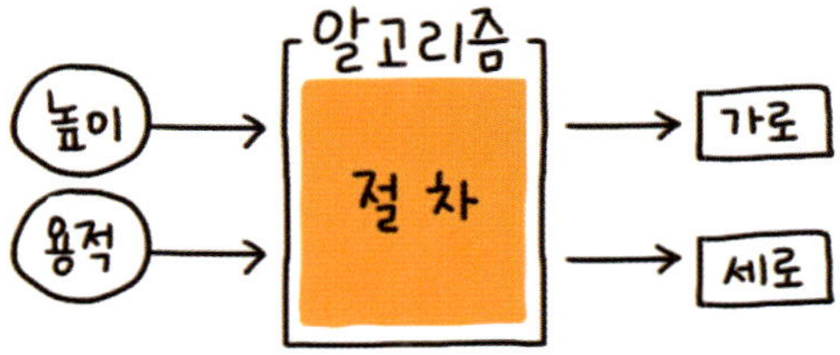

그림 4-2 입력 값은 알고리즘의 절차에 따라 원하는 출력 값을 계산해낸다.

작업을 효율적으로 자동화하기 위해 적절한 정보 요소가 정해지고 정보 요소 간의 구조가 정의되면, 그 구조에 바탕을 둔 정보 흐름의 규칙을 정의해야 한다. 정보가 규칙대로 흘러가 자동으로 처리되게 하는 흐름을 정의한 것이 알고리즘이다. 즉, 순서대로 나열된 일련의 명령어step-by-step instruction대로 진행되어 일이 처리되도록 하는 것이다. 여기서 명령어는 정보 혹은 데이터를 처리하는 방식을 약속해놓은 것들로, 정보와 데이터가 흘러가면서 이 약속에 따라 처리된다.

알고리즘의 기본 구조

알고리즘에서는 '순서' 혹은 '절차'가 중요한 역할을 하며, 가장 기본적인 구조는 순서를 정의하는 것이다. 알고리즘에서 순서를 정의하는 3가지 요소는 순차sequence, 반복repetition, 분기branching다.

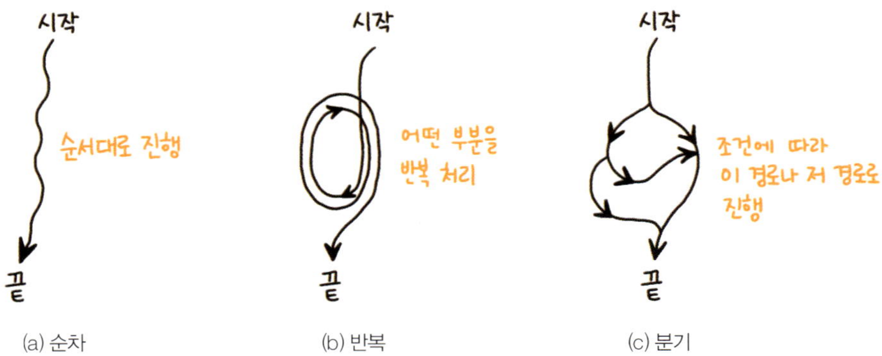

그림 4-3 알고리즘에서 절차를 표현하는 3가지 형태

앞서 정보의 구조화에서 살펴본 것처럼 알고리즘도 노드와 연결선으로 표현할 수 있다. 노드는 정보를 처리하는 단위 작업(혹은 명령어)을 표현하며, 연결선은 '순서'를 표현한다. 특히 반복과 분기는 진행 '방향'도 표현해야 하므로 화살표를 연결선으로 사용한다. 따라서 알고리즘은 '순서'와 '방향'을 정의해둔 정보처리 구조라고 할 수 있다.

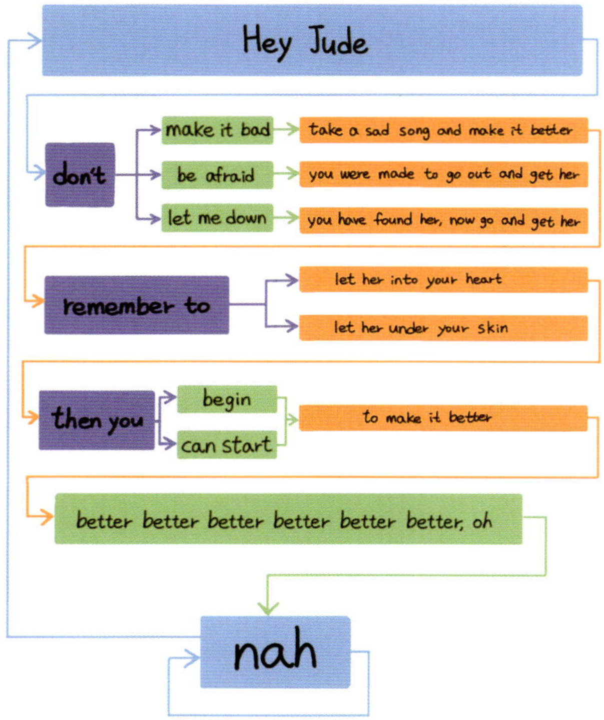

Hey Jude, don't make it bad
take a sad song and make it better
remember to let her into your heart
then you can start to make it better

Hey Jude, don't be afraid
you were made to go out and get her
the minute you let her under your skin
then you begin to make it better

And anytime you feel the pain, hey Jude, refrain
don't carry the world upon your shoulders
for well you know that it's a fool who plays it cool
by making his world a little colder
Nah nah nah nah nah nah nah nah nah

Hey Jude, don't let me down
you have found her, now go and get her
remember to let her into your heart
then you can start to make it better

So let it out and let it in, hey Jude, begin
you're waiting for someone to perform with
and don't you know that it's just you, hey Jude, you'll do
the movement you need is on your shoulder
Nah nah nah nah nah nah nah nah nah yeah

Hey Jude, don't make it bad
take a sad song and make it better
remember to let her under your skin
then you'll begin to make it
better better better better better better, oh
nah nah nah nah nah nah, nah nah nah, hey Jude

그림 4-4 비틀즈의 명곡 '헤이 주드'를 표현한 순서도(출처: https://laughingsquid.com/hey-jude-flow-chart)

'순서'의 관점에서 재미있는 사례를 하나 살펴보자. '정보의 구조화'를 다룬 3장에서 동시와 노래 가사를 내용과 라임의 구조 관점에서만 살펴보았다. 이제 내용 흐름의 순서까지 화살표 연결선으로 표현해보자. [그림 4-4]는 비틀즈의 '헤이 주드Hey Jude' 가사를 내용과 문맥을 비롯해 순서와 반복 구조까지 노드와 화살표로 잘 표현하고 있다.

정보 요소와 그 구조를 정의한 것이 정적static 모델인 추상화abstraction 모델이라면 그 추상화 모델을 기반으로 정보의 처리 흐름을 별도로 정의한 것이 동적dynamic 모델인 자동화automation 모델이다. 추상화와 자동화는 컴퓨팅 사고력computational thinking에서 가장 중요한 두 요소다. 어떤 상황을 파악하거나, 작업을 효율적으로 만들려고 하거나, 문제를 새롭게 해결하려고 할 때, 추상화와 자동화를 통해 사고한다면 그것이 바로 컴퓨팅computing 사고라 할 수 있다.

처리 순서와 흐름을 정해놓은 규칙 혹은 자동화 알고리즘은 프로그래밍 언어를 통해 프로그램 코드로 변환되어, 컴퓨터라는 하드웨어에서 자동으로 처리된다. 즉, 정보처리 자동기계가 되는 것이다.

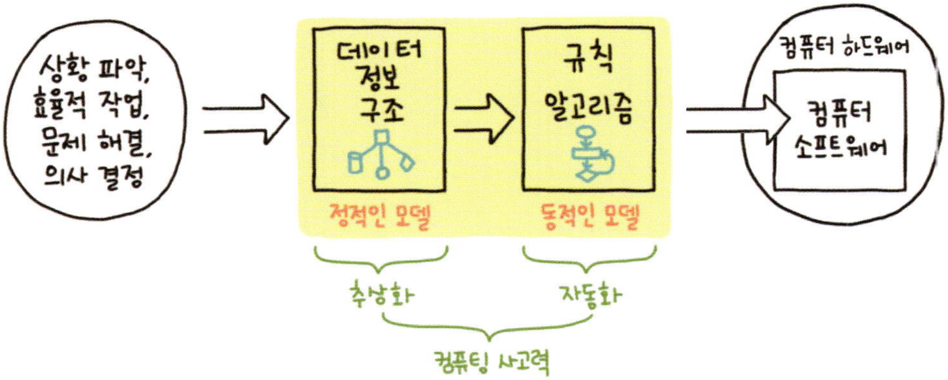

그림 4-5 문제에 대한 해결책은 추상화와 자동화 과정을 통해 소프트웨어로 구현되어 자동으로 해결할 수 있게 된다.

컴퓨터computer라는 용어는 원래 '컴퓨팅 작업을 하는 사람'이란 뜻이었으나 지금은 '컴퓨팅을 하는 기계'를 의미한다. 이 기계의 특징은 어떤 대상을 정해진 규칙 혹은 알고리즘에 의해 '반복'해서 자동으로 처리하게 하는 것이다. 다시 말해 컴퓨팅은 정보를 구조화하고 그것을 알고리즘으로 정의하여 컴퓨터라는 자동 기계에서 돌아갈 수 있도록 정의해놓은 것을 의미한다.

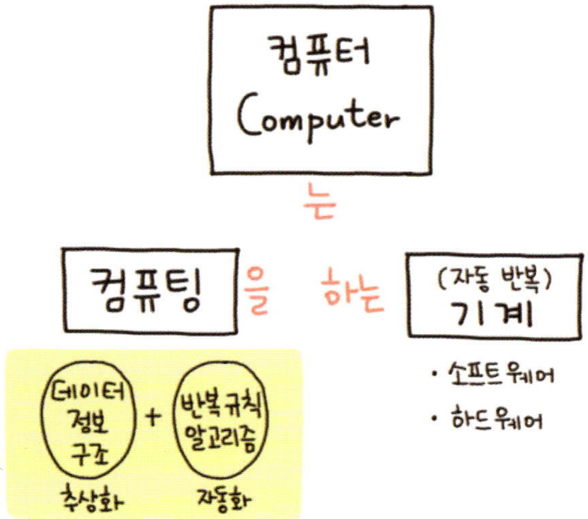

그림 4-6 컴퓨터는 컴퓨팅을 하는 기계

알고리즘은 어떤 작업을 처리하는 과정을 정의한 것이다. 따라서 일상의 문제에 알고리즘을 직접 적용하여 충분히 좋은 해결책을 찾아내기도 한다. 하지만 컴퓨터의 힘을 빌린다면 훨씬 더 효율적으로 해결책을 만들어낼 수 있다.

예를 들면, 등교버스 운전기사가 학생들을 태우기 위한 효율적인 이동 경로를 찾아내는 알고리즘을 우리는 만들 수 있다. 이런 알고리즘을 경로 알고리즘이라고 부른다. 경로 알고리즘을 만들어두면 등교버스를 이용하는 학생들이 바뀌거나 해당 운전기사가 없더라도 그 상황에서 가장 효율적인 이동 경로를 자동으로 찾아줄 수가 있다. 학교에서 수많은 과목과 강의실을 배정할 때, 가능한 많은 학생이 수강할 수 있도록 수업 시간과 강의실을 조정하는 경우에도 알고리즘을 사용하여 쉽게 처리할 수 있다.

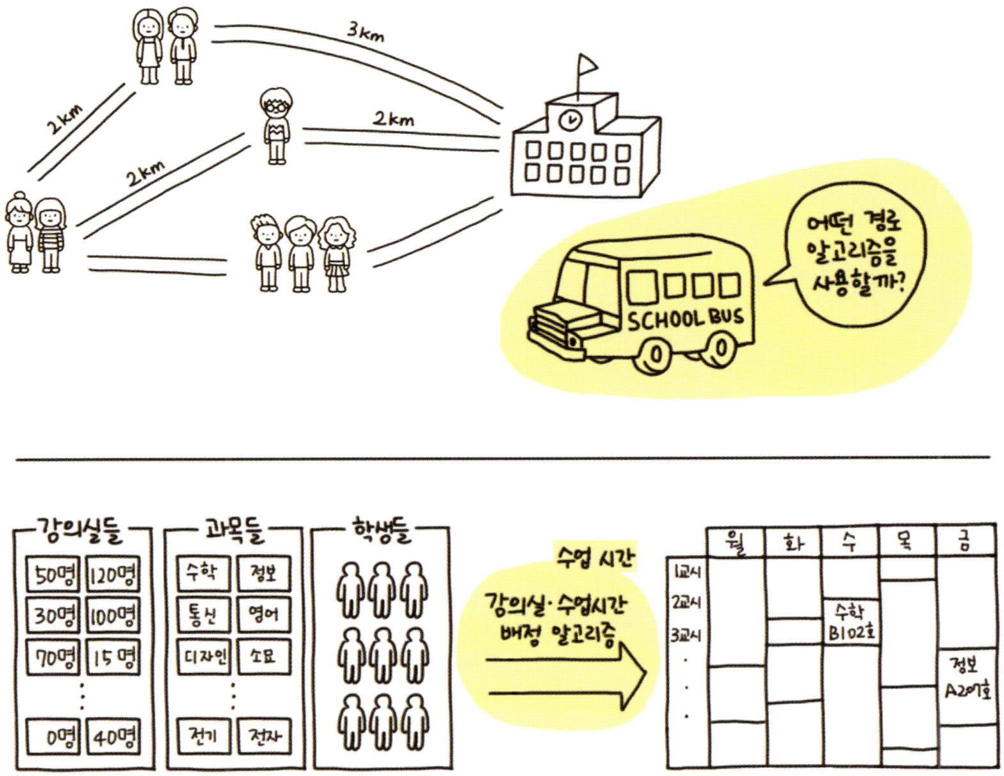

그림 4-7 알고리즘으로 효율적인 이동 경로를 정의할 수 있고, 효율적인 수업 시간표 배정도 할 수 있다.

02 알고리즘의 기본

데이터와 정보의 동적인 흐름을 정의해놓은 알고리즘은 컴퓨터 프로그래밍 언어를 사용하여 프로그램 코드로 변환된 후 컴퓨터 하드웨어에서 실행된다. 그러면 문제 해결을 위한 어떤 작업을 수행하려고 할 때, 데이터와 정보를 어떤 순서와 흐름으로 가게 해야 내가 원하는 작업이 수행되게 할 수 있을까? 몇 가지 간단한 예를 통해 그 과정을 함께 살펴보자.

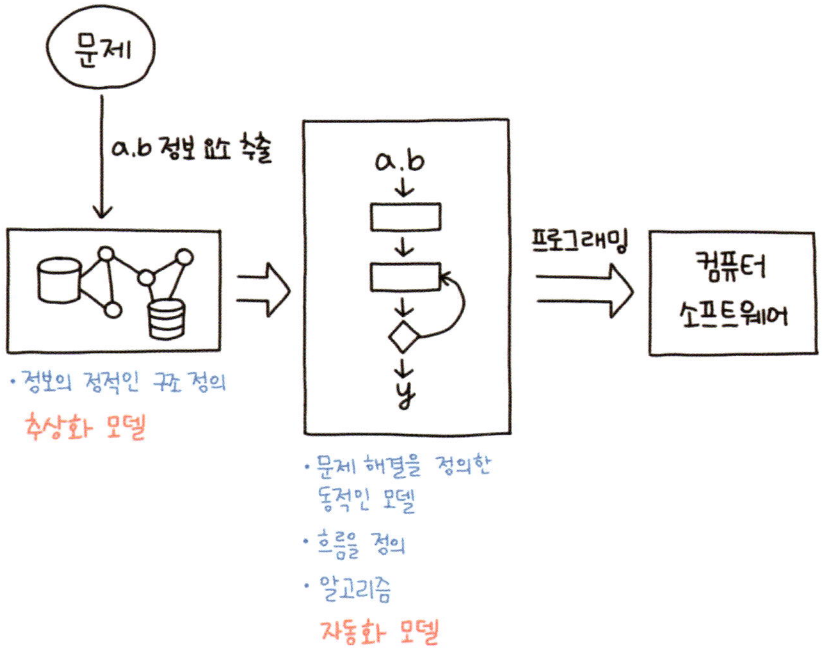

그림 4-8 알고리즘은 정보의 처리 흐름으로 문제 해결을 정의한 자동화 모델이다.

알고리즘의 표현 : 의사코드, 순서도, 프로그래밍 언어

첫 번째 예는 더하기 작업이다. 어떤 숫자 2개가 들어오고 자동으로 합이 나오게 하려면 어떻게 해야 할지 머릿속으로 생각하여 적어보자. 다음과 같이 간단한 문장으로 그 순서를 정리하면 된다.

1. 두 숫자 a와 b를 받는다.
2. a와 b를 합한다. 그 합을 c라고 한다.
3. c를 내보낸다.

조금 더 멋있게 적으면 다음과 같다.

1. input a, b
2. c = a + b
3. output c

input은 그다음에 나오는 두 가지 변수 a, b의 값을 사용자가 입력하도록 하는 것이다. output은 그다음에 나오는 변수 c의 값을 화면에 보여주는 것이다. 이처럼 컴퓨터 프로그램과 비슷하게 우리가 사용하는 언어 형태로 적은 것을 의사코드pseudo code라 한다.

데이터의 흐름을 [그림 4-9]와 같이 시각적으로 더 보기 쉽게 그릴 수도 있는데, 이것을 순서도flow chart라고 한다. 이름 그대로 '순서'를 그림(도, 圖)으로 나타낸 것이며, flow흐름를 chart그림로 보여주는 것이다.

이제 알고리즘은 적절한 데이터와 정보들을 사용하여 우리가 원하는 결과가 나올 수 있게 그 수행 작업을 순서대로 잘 나열한 것이라 할 수 있다. 그리고 그 알고리즘을 의사코드 혹은 순서도로 표현한다.

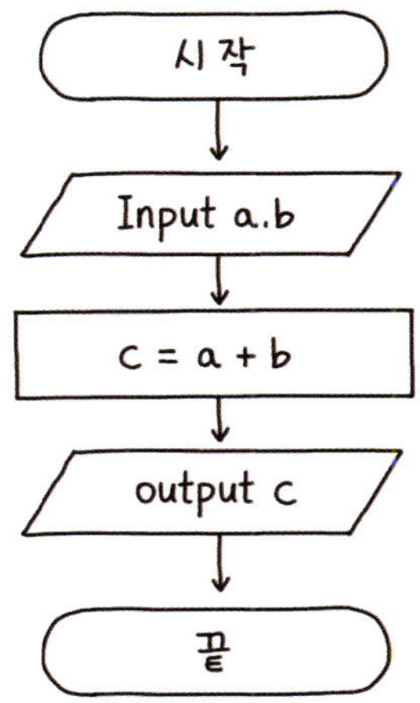

그림 4-9 순서도의 예

CHAPTER 04 자동화 알고리즘

알고리즘을 그대로 컴퓨터에 넣고 실행시킬 수는 없다. 알고리즘은 사람이 이해하도록 적은 사람의 언어이고, 컴퓨터 프로그래밍 언어는 컴퓨터가 읽어서 그대로 처리되도록 적은 컴퓨터를 위한 언어다. 컴퓨터는 일반적인 상식이 없는 기계이므로, 컴퓨터 프로그래밍 언어에서는 명령어와 사용 문법을 전부 정해두었다. 사람은 그 문법을 익혀서 알고리즘을 프로그래밍 언어로 표현한 프로그램program으로 작성하여 컴퓨터에서 실행시켜야 한다. '더하기' 작업의 예를 다양한 프로그래밍 언어를 사용해 프로그램으로 작성하면 [그림 4-10]과 같다.

```c
#include <stdio.h>

int main() {
  int a, b, c;

  printf("두 숫자를 입력하세요 : ");
  scanf("%d%d", &a, &b);
  c = a + b;
  printf("%d + %d = %d", a, b, c);
}
```

C 언어

```java
import java.util.Scanner;

public class ScannerDemo {
public static void main(String[] args) {
  Scanner in = new Scanner(System.in);
  System.out.printf("두 숫자를 입력하세요 : ");
  int a = in.nextInt();
  int b = in.nextInt();
  int c = a+b;
  System.out.printf("%d + %d = %d", a, b, c);
  }
}
```

자바

```python
a = int(input("숫자1을 입력하세요 : "))
b = int(input("숫자2를 입력하세요 : "))
c = a + b
print(a, "+", b, "=", c))
```

파이썬

스크래치

그림 4-10 프로그램의 예

여기서 또 다른 질문이 있을 수 있다. 이런 단순한 덧셈을 굳이 알고리즘으로 표현해야 할까? 그냥 머릿속으로 계산하는 게 더 빠르지 않을까? 하지만 매번 다른 숫자로 백만 번이나 같은 작업을 해야 한다면? 당연히 알고리즘으로 만들어서 프로그래밍하여 컴퓨터에 넣어놓고 컴퓨터가 그 일을 대신하게 하는 것이 좋다. 이것이 바로 자동화의 힘이다.

그러면 앞에서 만든 알고리즘을 조금 더 고쳐보자.

[그림 4-11]에서 (a)의 1-3을 그만하라고 할 때까지 반복하는 코드를 조금 더 멋지게 써보면 (b)와 같고, 순서도로 그리면 (c)와 같다. (b)에서 while은 그다음의 조건, 즉 (answer == Yes)이기만 하면 그다음의 {와 } 사이의 작업을 계속 반복해서 수행하는 것을 의미한다. 그래서 그 마지막에 매번 input answer를 물어 Yes이면 또 반복하고, Yes가 아니라면 그 반복에서 빠져나온다.

(a)

```
1. Input a, b
2. c = a + b
3. output c
```

(b)

```
answer = Yes
while(answer == Yes) {
   Input a, b
   c = a + b
   output c
   input answer
 }
```

(c)

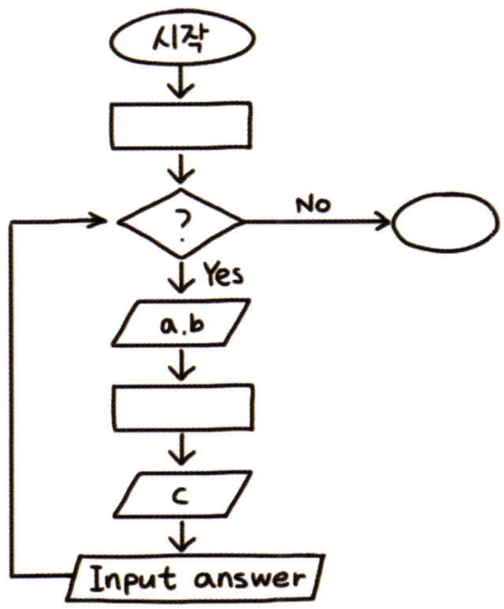

그림 4-11 반복문이 사용된 프로그램 코드와 순서도

이번에는 분기문을 사용할 수 있는 조금 다른 예를 살펴보자. 들어오는 사과를 확인해 빨간색이면 빨간색 상자에, 초록색이면 초록색 상자에 넣는 일을 매일 하는 사람이 있다고 하자. 똑같은 일을 반복하다보니 이 일을 자동화하고 싶어졌다. 그렇다면 먼저 그 반복적인 같은 작업을 알고리즘으로 적어야 한다.

그림 4-12 사과의 색상 값에 따라 다른 상자에 담는 일을 반복적으로 하고 있다.

이런 순서로 알고리즘을 적으면 될 것 같다.

1. 들어오는 사과의 색상 확인
2. 색상이 빨간색이면, 빨간색 상자로
3. 아니면, 초록색 상자로

무척 간단하다. 그런데 빨간색도 아니고 초록색도 아니면 어떻게 할까? 이런 경우에 사람이 직접 한다면 별도의 상자에 담는다. 자, 그러면 조금 바꿔보자.

1. 들어오는 사과의 색상 확인
2. 색상이 빨간색이면, 빨간색 상자로
3. 색상이 초록색이면, 초록색 상자로
4. 아니면, 별도 상자로

이번에는 좀 더 멋있게 적어보자. 사실, 우리는 색상 센서를 써서 색상을 자동으로 체크할 수 있다. 그러니 센서 값이 1에 가까우면 빨간색 상자에, 0에 가까우면 초록색 상자에, 그 중간 값이면 애매하니 별도 상자에 넣는다고 가정하자. 그리고 그 과정을 계속 반복한다면 다음과 같이 적을 수 있다.

```
apple_more = Yes
While(apple_more = Yes) {
     apple <= 다음 사과
     색상 값 = 색상 센서(apple)
    if (색상 값 > 0.8), 빨간색 상자로
    if (색상 값 < 0.2), 초록색 상자로
    otherwise, 별도 상자로
    if(사과가 더 있으면), apple_more = Yes
        otherwise, apple_more = no
}
```

이제 사과 고르는 작업은 기계가 자동으로 쉬지 않고 하게 될 것이다.

함수의 관점

이렇게 보면 알고리즘은 수학의 함수function처럼 보인다. 함수는 입력input 값이 들어가서 그것으로 뭔가 주물럭된 후에 원하는 출력output 값이 나오는 것이다. 우리가 수학 시간에 배운 함수는 $y=f(x)$ 형태다. x가 입력 값이고 y가 출력 값이며, f는 알고리즘에 해당된다. 따라서 [그림 4-9]와 [그림 4-11]의 더하기 예를 이 함수에 적용하면 a와 b가 입력이고 c가 출력 값이므로 $c=f(a, b)$ 형태로 적을 수 있다. 알고리즘에 해당하는 f는 의사코드 혹은 순서도가 된다.

함수의 관점으로 우리가 알고리즘을 본다는 것은 조금 특별한 의미가 있다. $y=f(x)$의 형태에서, 입력 x와 함수 f가 완전히 분리되어 있는 형태라는 것이다. 달리 표현하면 f는 조건에 맞는 어떤 x값이 들어와도 그에 맞는 y 출력 값을 낸다는 말이다. 따라서 이 형태는 f

만 정의되면 수백 수천만 가지의 x가 들어와도 자동으로 처리된다는 것을 의미한다.

[그림 4-13]처럼 연봉을 계산하는 알고리즘이 있다면 백만 명의 입력 데이터가 차례대로 들어오더라도 자동으로 정확하게 값을 낼 것이다. 마찬가지로 수백만 장의 서로 다른 이미지 사진이 들어오더라도 그 이미지를 인식할 수 있는 알고리즘으로 만들어져야 한다. 이런 방식으로 알고리즘은 자동화 기계가 된다.

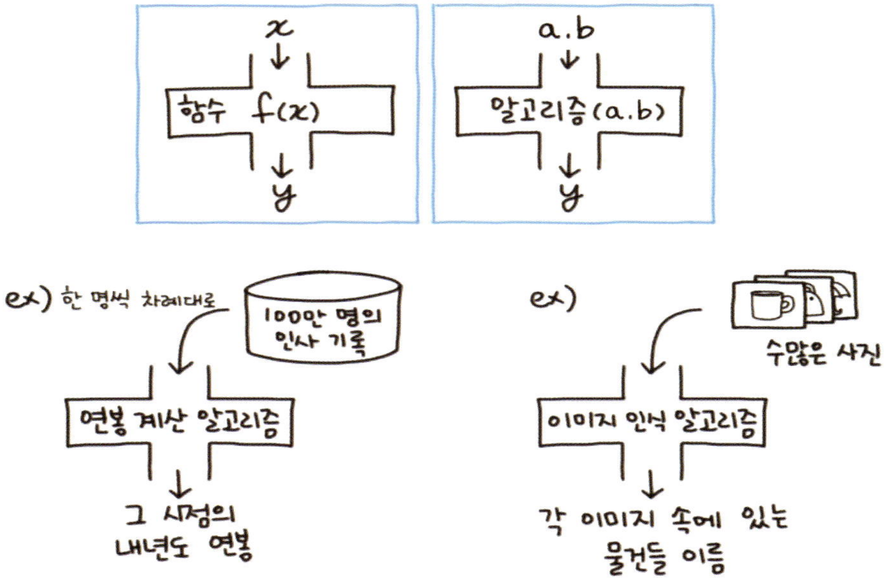

그림 4-13 알고리즘은 자동화 기계

그럼 함수의 관점에서 입력, 출력, 알고리즘으로 구분하여 살펴보도록 하자. 세상에서 일어나는 대부분의 일들은 이렇게 함수의 관점으로 볼 수 있다. 어떤 입력으로, 어떤 주물럭 과정을 만들어내느냐가 문제 해결의 핵심이다. 알고리즘의 기본 형태는 입력$_{\text{Input}}$, 처리$_{\text{Process}}$, 출력$_{\text{Output}}$으로 구성되며, 이것을 줄여서 IPO(I$_{\text{nput}}$, P$_{\text{rocess}}$, O$_{\text{utput}}$)라고 한다. IPO 차트를 먼저 만들어보면 알고리즘을 보다 잘 구성할 수 있다.

- **입력** : 알고리즘에서 사용되는 정보 값
- **처리** : 의도대로 무엇인가를 처리하여 원하는 결과를 내도록 하는 과정, 즉 알고리즘
- **출력** : 알고리즘의 결과물

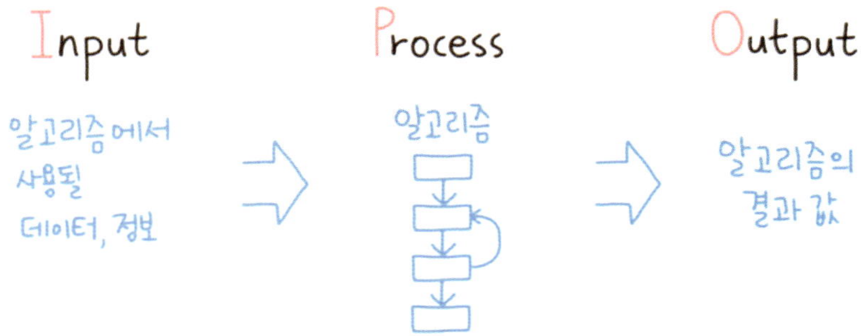

그림 4-14 IPO Input-Process-Output의 구조

연습문제

예시된 내용을 참고하여, IPO 차트를 만들어보자.

문제	입력	처리	출력
전기밥솥	· 원하는 밥의 종류 · 보온, 예약, 취사, 세척	시간, 온도, 압력 등을 적절히 조정	· 원하는 상태의 밥 · 취사 완료 알림 · 보온 상태 유지 등
성적에 따른 학생들의 등급 배정	1,000명의 성적 점수	· 점수에 따라 위에서 아래로 정렬 · 등급별 인원수대로 경계선 계산 · 경계선과 각자의 점수를 비교하여 등급 배정	각 학생의 등급
고양이 얼굴과 강아지 얼굴 구분하기	고양이와 강아지 얼굴 사진 10,000장	고양이와 강아지 얼굴을 구분하는 알고리즘 (주로 기계 학습 기법으로 미리 만들어놓은 모델)	입력된 이미지를 고양이 혹은 강아지로 분류하는 태그

이 방법을 사용하여 여러 가지 알고리즘을 어떻게 만들어나가는지 조금 더 살펴보자.

03 검색 알고리즘

일상생활에서도 일을 효율적으로 처리하기 위한 구조는 많이 볼 수 있다. 그중에서 가장 간단하지만 아마도 가장 많이 사용될 알고리즘인 검색searching을 살펴보자.

예를 들어, 학생 백만 명의 이름과 학점이 각각 적힌 종이 서류가 있다고 하자. (단, 같은 이름은 없다고 가정한다.) 내가 특정 학생의 이름을 알고 있을 때, 이 서류 속에서 그 학생의 성적을 빨리 알아내고 싶다면 학생 정보를 어떤 구조로 만들어야 할까? 그리고 어떤 규칙 혹은 알고리즘을 만들었을 때 가장 효율적으로 찾을 수 있을까? 기본 전제에 따라 다양한 전략을 생각해보자.

그림 4-15 검색 알고리즘은 가장 많이 사용되는 기본적인 알고리즘이다.

전략1 : 무작위 검색

학생의 이름과 학점이 적힌 종이 백만 개가 이곳저곳에 흩어져 있다고 가정해보자. 그중 하나를 무작위random로 주워서 이름을 확인하고, 찾는 학생이 아니라면 그 종이를 다시 흩어진 더미 위에 돌려놓는다. 그리고 또다시 무작위로 하나를 주워서 확인한다.

이런 작업을 반복해 진행한다고 해보자. 언젠가는 찾는다고 보장할 수 있을까? 아무렇게나 흩어진 종이들 가운데서 내가 원하는 종이를 찾는 데 걸리는 시간과 체력 낭비는 또 어찌해야 할까?

그림 4-16 무작위 검색 : 답을 찾는다는 보장이 없다.

전략2 : 순차 검색

학생의 이름과 학점이 적힌 종이 백만 개가 하나의 묶음으로 정리되어 차례로 넘길 수 있는 상태라면, 아마도 나는 그 묶음을 위에서부터 하나씩 넘겨가며 학생 이름을 비교해야 할 것이다. 이렇게 순서대로 진행할 수 있게 한 묶음은 배열array이라는 구조를 사용한 것이다.

이 구조를 사용하면 언젠가는 내가 원하는 종이를 찾는다고 보장할 수 있을까? 그렇다! 또한 무작위 검색에 비해 시간과 체력을 훨씬 절약하게 될 것이다. 운이 좋으면 묶음 초반부에서 그 학생의 이름을 찾을 수 있다. 그러면 그 종이에 적힌 성적을 읽으면 된다. 하지만 운이 최악으로 나빠서 그 학생의 이름이 적힌 종이가 제일 뒤에 있다면 백만 번이나 종이를 넘겨야 할지도 모른다. 일반적으로 이러한 알고리즘에서 최악의 경우에 걸리는 비용(시간 등)을 시간 복잡도complexity라 하고, 이 경우의 시간 복잡도는 백만 번이 된다. 만약 학생 수를 n이라고 하면 컴퓨터 과학자들은 이것을 $O(n)$의 복잡도라고 말한다. $O(n)$은 "빅-오가 n이다"라고 읽는다.

그림 4-17 순차 검색

전략3 : 어떤 기준에 의해 정렬된 데이터 검색

만약 학생의 이름과 학점이 적힌 종이 백만 개가 이름의 순서대로 이미 나열되어 있다면 어떨까? 그런 구조라면 검색 알고리즘이 더 효율적으로 정의될 수 있을까? 이것은 철자 순서대로 나열된 주소록, 전화번호부, 국어사전에서 찾고자 하는 이름 혹은 단어를 찾는 것과 비슷한 알고리즘을 사용하게 될 것이다. 처음부터 하나씩 비교할 필요 없이 내가 찾고자 하는 이름이 있을 만한 위치로 직접 이동하여 그곳에서 더 자세히 찾아가는 식이 될 것이다. 이 방법은 모든 이름이 철자 순서대로 배열되어 있다는 것을 가정할 때만 가능하다. 이 방법의 복잡도는 어떻게 될까?

그림 4-18 어떤 기준에 의해 정렬된 데이터 검색 : 더 효율적인 검색이 가능하다.

전략4 : 이진 검색

조금 더 일반적인 방법을 생각해보자. 학생의 이름과 학점이 적힌 종이 백만 개가 이름의 순서대로 정렬되어 묶인 것에서 가장 중간에 있는 종이에 적힌 이름과 내가 찾고자 하는 이름을 먼저 비교해본다. 만약 같으면 찾은 것이고, 내가 찾는 이름이 그보다 앞에 있다면 그 이후의 것은 볼 필요가 없다. 즉, 한 번의 비교로 절반인 50만 개를 내 검색 목록에서 제외할 수 있는 것이다! 그러면 앞의 50만 개 중에서는 어떻게 찾아야 할까? 똑같은 절차를 반복해나가면 된다. 즉, 25만 번째 것과 비교하여 만약 그 값보다 크다면 앞의 절반, 즉 25만 개는 제외하고, 뒤의 절반인 25만 번째 이후부터 50만 번째까지의 종이만 검색하면 된다. 두 번의 비교로 1/4만 남게 되는 것이다. 마찬가지 절차를 적용해 세 번 비교하면 그 1/4의 절반($\frac{1}{4}\times\frac{1}{2}$)이므로 1/8만 남게 된다.

비교를 몇 번 반복해야 최종적으로 하나만 남게 될까? n개의 항목이 있다면, 최대 $\log_2 n$번의 비교로 하나만 남게 되어 원하는 것을 찾을 수 있다. 즉, 이 검색 알고리즘의 복잡도는 $O(\log_2 n)$이 된다. 이 전략은 절반씩 나누어가며 검색한다고 해서 이진 검색 알고리즘이라고 부른다.

그림 4-19 이진 검색 아이디어

검색 알고리즘의 복잡도complexity

작업 하나를 해도 그 작업을 하기 위해 여러 가지 전략이 있을 수 있고, 그 전략들은 다른 알고리즘으로 표현될 수 있다. 어떤 알고리즘은 다른 알고리즘보다 더 효율적일 수 있다. 이러한 효율성은 그 알고리즘이 최악의 경우에 걸리는 시간을 변수로 표현하는 방법을 사용한다. 대표적인 방법이 [그림 4-20]과 같은 빅-오 표기법Big O notation이다. 이 표기로 알고리즘의 시간 복잡도complexity를 비교한다. 일반적으로 빅-오 표기법을 보는 이유는 n이 아주 커졌을 때 시간 복잡도가 선형이나 제곱 혹은 지수적으로 증가하는지를 확인하기 위함이다. 따라서 다른 상수들은 제외하고 n이 관련된 항목만 표시한다.

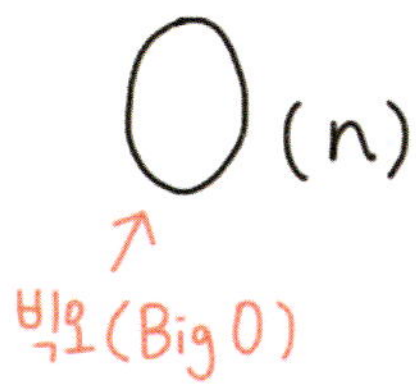

그림 4-20 복잡도의 표현

앞에서 살펴본 여러 가지 검색 전략에서 단순한 순차 검색에 해당하는 [그림 4-17] 알고리즘의 복잡도는 $O(n)$이었고, 이진 검색에 해당하는 [그림 4-19] 알고리즘의 복잡도는 $O(\log_2 n)$이었다. 어느 것이 더 효율적인가?

[그림 4-21]은 알고리즘의 복잡도가 그 알고리즘에서 처리해야 하는 input 데이터의 개수 n이 증가하면서 어떻게 변해가고 있는지를 잘 보여준다. n이 작을 때는 큰 차이가 없지만 n이 증가하면서 복잡도는 큰 차이를 보인다. n이 지수승으로 증가하면 $O(n)$은 일반적으로 볼 때 실용적이지 못한 알고리즘이 된다. 상대적으로 $O(\log_2 n)$은 매우 훌륭한 복잡도를 보여주고 있다.

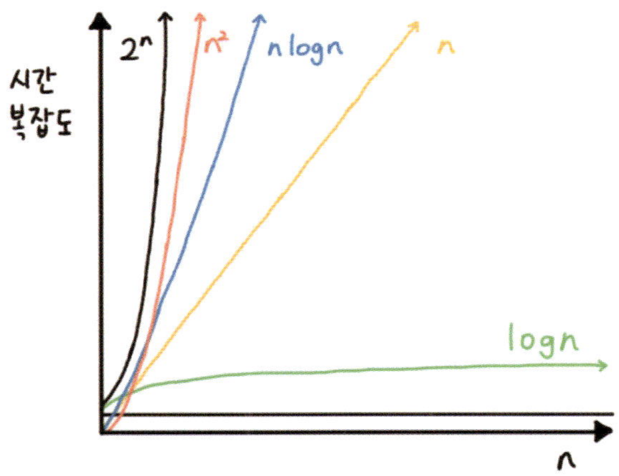

그림 4-21 n의 증가에 따른 시간 복잡도의 크기

이진 검색은 복잡도가 $O(\log_2 n)$이기는 하지만 한 가지 고려해야 할 점이 있다. 이진 검색은 이미 목록이 정렬sorting되어 있는 경우에만 진행할 수 있는 방법이다. 임의의 순서로 된 목록은 미리 정렬해두어야 한다. 그렇다면 정렬을 하는 알고리즘에는 어떤 것들이 있으며, 이런 알고리즘의 복잡도는 얼마나 될까?

04 정렬 알고리즘

어떤 목록이 이미 정렬sorting되어 있으면 일을 효율적으로 처리하는 데 큰 도움이 된다. 우리는 컴퓨터로 작업을 할 때 파일들을 이름순이나 크기순으로 정렬하곤 한다. 엑셀 파일의 데이터 작업에서 가장 많이 하게 되는 작업도 정렬이다.

정렬 알고리즘은 검색 알고리즘처럼 컴퓨터에서 가장 많이 사용되는 알고리즘이다. 따라서 정렬 알고리즘의 효율성은 매우 중요하다. 정렬에도 여러 가지 전략이 있는데, 그중에서 가장 간단한 선택 정렬selection sort 알고리즘을 살펴보도록 하자.

선택 정렬의 전략

먼저 숫자들이 무작위로 배열에 나열되어 있다고 가정하자.

❶ 배열의 숫자들을 모두 훑으면서 가장 작은 값을 찾는다.
❷ 찾은 가장 작은 값과 배열의 가장 왼쪽 칸에 있는 값을 맞바꾼다.
- 이렇게 되면 이 배열에서 가장 작은 값이 배열의 가장 왼쪽에 위치하게 된다. 가장 왼쪽에 있는 값을 제외한 나머지 배열에 대해서 ❶과 ❷를 반복한다.
- 이렇게 한 번씩 훑을 때마다 배열의 왼쪽부터 하나씩 정렬되기 시작한다. 만약 배열에 n개의 숫자가 있다면 (n–1)번을 훑으면서 모두 정렬된다. 또한 매번 훑게 되는 개수도 제일 처음에는 n개이지만, 그다음엔 (n–1)개, 그다음엔 (n–2)개가 되고, 제일 마지막 n번째에는 1개만 남는다.

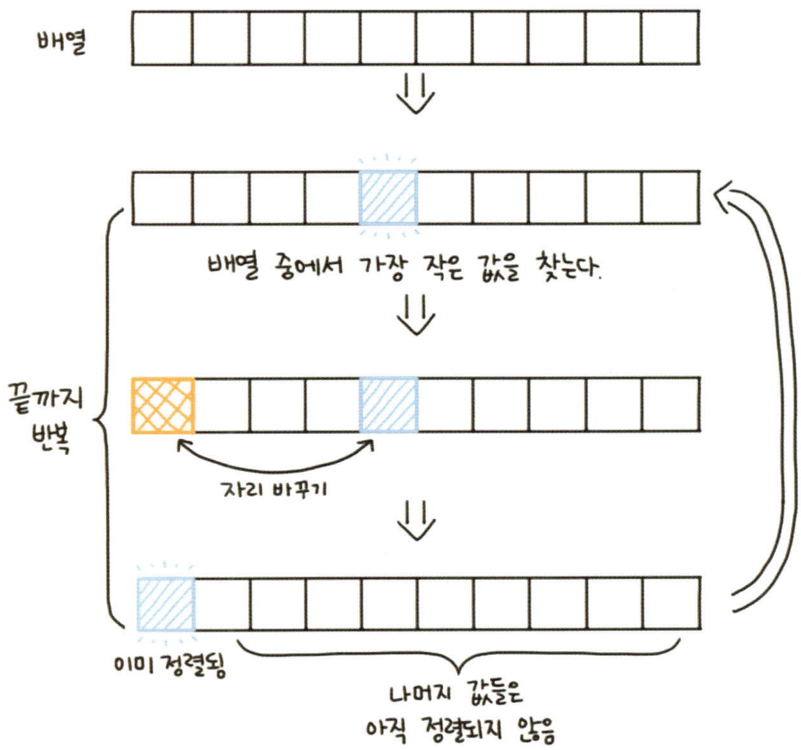

그림 4-22 선택 정렬 아이디어

n개의 숫자들이 1차원 배열 A에 들어 있다고 가정하고, 위의 전략을 알고리즘으로 표현해 보자.

```
i = 0                              /* 배열 A의 인덱스는 0부터 시작 */
while(i < n-1) {                   /* 배열의 제일 마지막 값의 전 칸까지 진행 */
    /* 배열 A[i]부터 A[n-1]까지 중에서 가장 작은 값을 가지는 인덱스를 리턴 */
    min = find_smallest(A[i, n-1]);
    if (min != i)                  /* 인덱스 min과 i가 다르면 */
            swap(A[i], A[min]);    /* A[i]와 A[min] 값을 서로 바꾸어 적는다. */
    i = i + 1;                     /* 인덱스를 하나 증가시킨다 */
}
```

그림 4-23 선택 정렬 알고리즘

연습문제

다음 숫자를 선택 정렬 알고리즘에 따라 손으로 시뮬레이션해보라. 그리고 이 알고리즘에 따라서 다른 어떤 숫자 배열이 들어가도 다 자동으로 정렬 작업이 될 수 있음을 확인하라.

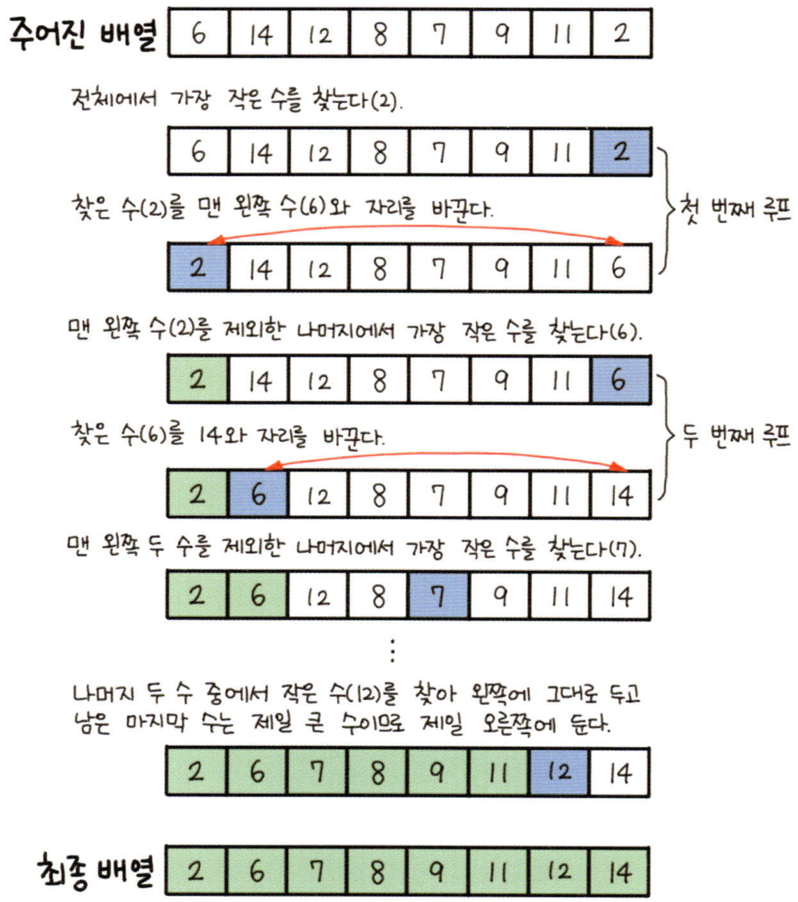

그림 4-24 선택 정렬 알고리즘의 예

[그림 4-23]의 선택 정렬 알고리즘을 보면, 배열을 훑으면서 제일 작은 값을 찾는 작업이 사용된다. 이 작업을 어떻게 알고리즘으로 만들 수 있을까? 이 find_smallest(A[i, *n*])는 다음과 같이 만들 수 있을 것이다.

먼저 배열이 입력으로 들어오고, 그 배열의 왼쪽부터 오른쪽 제일 끝까지 가면서 가장 작은 값이 들어 있는 칸의 인덱스를 출력하면 된다. 그렇게 배열을 훑어나가는 과정에서 그때마다 그때까지의 가장 작은 값과 그 위치를 어딘가에 저장해두면서 끝까지 진행하면 된다. 이 과정을 자세히 나누면 다음과 같다.

- 배열을 훑어나가면서 그때마다 가장 작은 값을 smallest에 적고 그 위치를 smallest_index에 적어두면, 끝까지 훑은 후에 그 두 가지 값만 보면 된다.
- 이제 시작해보자. 배열의 제일 왼쪽 값을 smallest에 적는다.
- 그다음 칸으로 가서 그 칸의 값이 smallest에 적혀 있는 것보다 작은지 비교한다. 만약 작지 않으면 그다음 칸으로 다시 이동하여 비교를 반복한다. 만약 더 작으면 smallest의 값을 더 작은 값으로 바꿔 적고, smallest_index에는 새로 바뀐 값이 있는 위치를 적는다.
- 이것을 배열의 제일 오른쪽까지 진행하면서 smallest 값을 업데이트한다.

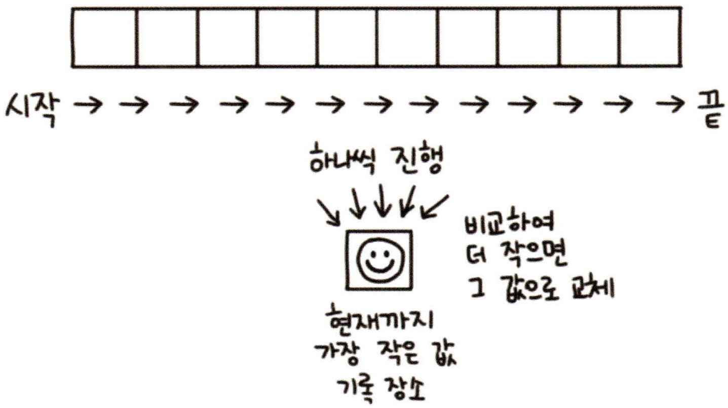

그림 4-25 배열에서 가장 작은 값 찾기 : 하나씩 차례대로 체크하여 현재까지의 가장 작은 값을 기록하면서 마지막까지 진행한다.

이 전략을 알고리즘으로 다시 표현하면 [그림 4-26]과 같다.

```
find_smallest(A[i, n]) {
    smallest = i;         /* 일단 맨 처음 것이 제일 작다고 해놓고 시작한다. */
    for j = i+1 to n {  /* i 다음 칸부터 끝까지 차례대로 훑는다. */
        if A[j] < A[smallest] then
            /* j번째 값이 현재 smallest 값보다 작으면, 그것을 smallest로 한다. */
                smallest = j;
        }
    return(smallest)
}
```

그림 4-26 배열에서 가장 작은 값의 인덱스를 찾는 알고리즘

선택 정렬 알고리즘의 복잡도

[그림 4-23]과 [그림 4-26]에 나타낸 알고리즘의 시간 복잡도를 생각해보자. 알고리즘을 다시 잘 생각해보면 크기 n의 배열을 $(n-1)$번 훑게 되는데, 매번 훑게 되는 배열의 크기가 한 칸씩 줄어들게 된다. 맨 처음에는 왼쪽 끝의 값과 그 나머지 $(n-1)$개 값의 크기를 비교해나가기 시작하므로 $(n-1)$번 비교한다. 그다음에는, 제일 왼쪽은 이미 정렬되어 있으므로, 나머지 크기 $(n-1)$을 가지고 같은 작업을 반복하게 된다. 즉, $(n-1)$의 배열에서 제일 왼쪽에 있는 값과 나머지 $(n-2)$개의 값을 비교해나가므로 $(n-2)$번 비교한다. 이런 식으로 그다음에는 $(n-3)$번의 비교가 진행되고 제일 마지막에는 1번의 비교까지 진행된다. 이 모든 비교를 합하면 다음과 같다.

$$(n-1) + (n-2) + (n-3) + \cdots 2 + 1 = \frac{n(n-1)}{2}$$

복잡도를 빅-오로 표현할 때에는 변수 n의 항목만 표시한다. 그렇게 되면 $O(n^2)$이 된다.

일반적으로 많이 알려진 간단한 정렬 알고리즘으로 선택selection 정렬, 버블bubble 정렬, 삽입insertion 정렬 등이 있으며, 이들은 모두 $O(n^2)$을 가진다. 이와 조금 다른 전략을 사용하는 퀵quick 정렬은 특정한 조건이 만족되면 $O(n \times \log_2 n)$의 매우 훌륭한 시간 복잡도를 가지게 된다. 정렬 알고리즘은 대량의 데이터를 처리하는 대부분의 알고리즘에서 가장 기본적으로 사용되는 알고리즘이다. 그래서 정렬 알고리즘의 시간 복잡도를 낮추기 위한 노력이 계속 이어지고 있다.

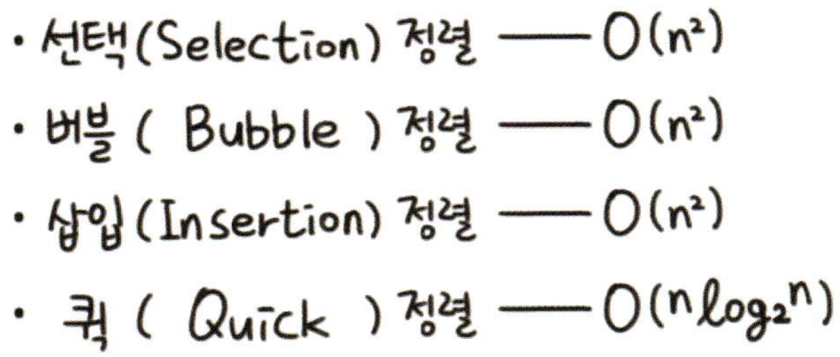

그림 4-27 정렬 알고리즘의 복잡도 비교

연습문제

수업에 참석한 학생들로 대강당이 꽉 찼다. 몇 명이 참석했는지 수업 전에 세어봐야 한다면 어떤 알고리즘을 사용하면 될까?

방법 1 대략 500명 정도라고 추정할 때, 한 명을 세는 데 3초가 걸린다고 하면 1500초= 25분이나 걸리기 때문에 출석 부르는 데 수업 시간을 다 빼앗길 것 같다.

방법 2 앞에서 공부한 이진 기법을 사용해보자. 먼저, 수업에 참석한 모든 학생이 자리에서 일어나도록 한다. 가까이 있는 사람끼리 둘씩 짝을 지어 가위바위보를 해서 진 사람은 앉도록 한다. 이것이 한 라운드다. 이겨서 서 있는 사람끼리 다시 짝을 지어 가위바위보를 하고, 이 과정을 마지막 한 사람이 남을 때까지 반복한다. 서 있는 학생이 한 명 남을 때까지 n번의 라운드가 진행된다면, 학생 수는 몇 명이 되는 것일까? 답은 2^n명이다. 왜냐하면 라운딩을 한 번 할 때마다 서 있는 사람의 수가 1/2, 즉 반씩 줄어들기 때문이다. 따라서 500명 정도면 $\log_2(500)=6.2$×라서 7라운드면 된다. 라운드당 10초가 걸린다고 해도 70초가 걸리니까 1500초보다는 훨씬 빠르다.

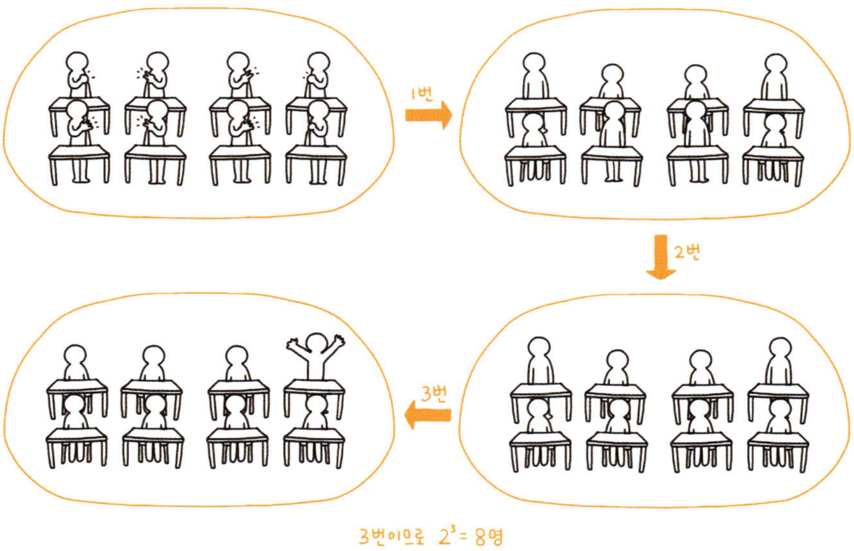

그림 4-28 수업에 몇 명이 들어왔는지를 빠르게 알아내는 방법

연습문제

쌓여 있는 양말 더미에서 같은 짝을 찾는 알고리즘을 생각해보자. 단, 모든 양말은 맞는 짝이 꼭 하나씩만 있고 양말의 개수가 모두 n개라고 가정한다.

방법 1 n개의 양말 중에서, 처음 1개를 꺼내고 그것과 나머지 $(n-1)$개를 모두 비교해봐야 한다(최악의 경우). 한 짝을 찾으면 나머지 $(n-2)$개의 양말에 대해 똑같은 과정을 반복해나간다. 즉, 검토의 횟수는 $(n-1)+(n-3)+(n-5)+\cdots+1$까지 반복된다. 복잡도는 $O(n^2)$이 된다.

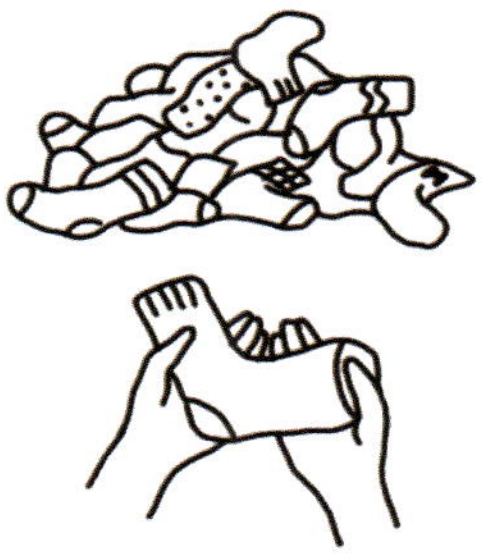

방법 2 n개의 양말이 있는 더미에서 양말을 하나씩 꺼내어 한쪽 편에 차례대로 나열해둔다. 그다음에 꺼낸 것들을 앞서 나열된 것과 비교하면서 짝을 찾는다. 이때 짝이 맞춰진 것은 나열에서 제외된다. 비교 횟수는 $1+2+3+\cdots+n/2$이 된다. 즉, 이 방법도 복잡도는 $O(n^2)$이 된다.

05 트리 구조 탐색 기법

문제를 해결하기 위한 전략과 알고리즘은 다양하다. 앞서 우리는 배열array이라는 구조를 기반으로 한 검색search과 정렬sorting 알고리즘을 살펴보았다. 배열과 함께 많이 사용되는 또다른 구조로 트리tree가 있다. 트리 구조는 탐색search 알고리즘에서 주로 사용된다.

탐색은 앞서 언급했듯이 검색과 구분 없이 사용하기도 하지만 의미상 약간 차이가 있다. 검색은 이미 정리된 데이터 목록에서 내가 찾고자 하는 특정 값이 있는지, 있다면 그 위치는 어디인지를 알아내는 것이다. 반면, 탐색은 어떤 조건이나 상황에 맞는 좋은 답이 무엇인지 찾아나간다는(알아나가는) exploration(탐험, 탐구, 탐사)의 의미가 더 강하다. 따라서 탐색은 문제에 대한 해답을 찾아나가는 과정에서 쓸 수 있는 유용한 방법이다.

탐색 전략은 세상의 많은 문제를 해결하는 데 사용되고 있다. 즉, 문제를 탐색할 수 있는 형태로 구조화해놓고 탐색 알고리즘을 적용하는 것이다.

트리 구조를 사용한 탐색

다음 문제를 생각해보자. A 도시에서 여러 도시를 거쳐 D 도시로 가는 최단 거리를 찾는 알고리즘을 만들고자 한다. 이 알고리즘은 자동차 내비게이션에서 최적의 길을 찾아주는 알고리즘과 같다. 미로 찾기 게임, 오목이나 바둑 같은 게임도 같은 알고리즘을 사용한다.

이러한 문제들의 특징은 시작점과 도착점이 있다는 것이다. 우리가 만들어야 할 알고리즘은 모든 가능한 경로 중에서 거리가 가장 짧은 길을 찾아내는 알고리즘이다. 컴퓨터라면 단순하고 빠른 반복 능력을 활용해서 모든 가능한 경로를 시도해보고 그중에서 가장 짧은 것을 선택하면 될 것이다.

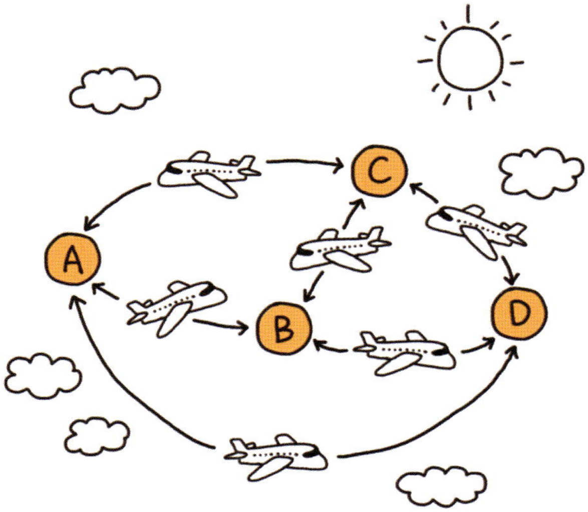

그림 4-29 최단 경로는?

각 도시를 모두 다 방문하는 가장 짧은 경로를 찾는 문제를 순회 외판원 문제travelling salesman problem라고 부른다. 구체적인 예를 통해 이 문제를 다시 한 번 생각해보자.

4개의 도시 A, B, C, D가 있는데 도시 A에서 시작해서 모든 도시를 다 돌고 다시 A로 돌아와야 한다. 몇 가지 경로가 있을까?

먼저, A 도시에서 시작해 B, C, D 세 도시 중 한 도시로 가면 된다. 그다음에는 나머지 두 개의 도시 중 한 도시에 가고, 그다음에 나머지 남은 도시를 하나씩 거쳐서 가고, 다시 A로 돌아오면 된다. 이 경우에 경로는 3×2×1=6가지다. 만약 처음 시작하는 도시를 지정하지 않으면 경로는 4×3×2×1=24가지가 된다. 단순하고 빠른 반복의 힘을 자랑하는 기본 알고리즘은 이 24가지 경로 각각에 대하여 거리 합을 다 계산해보고 그중에서 가장 짧은 경로를 출력해주면 된다.

하지만 도시의 수를 일반화하여 n이라고 하면, 경로의 수는 $n!$이 된다. $n=10$만 되어도 경로의 수는 3,628,800가지로 늘어난다. 만약 $n=100$이라고 한다면 9.3×10^{157}이 되어서 슈퍼컴퓨터를 써도 살아생전에 답을 보지 못할 수 있다. 이러한 문제를 '가능하지만 실제로는 불가능한possible, but practically impossible' 문제라고 한다. 알고리즘을 만들 때 이러한 문제는 의외로 많다.

따라서 이러한 문제를 해결하려면 다른 전략이 필요하다. 이번에는 문제를 조금 간단하게 정의해보자. 현재 상태에서 목적 상태까지 가는 과정을 탐색하면 가장 빠른 경로를 찾는 방법을 좀 더 효율적으로 구할 수 있을 것이다. 이 같은 관점에서 트리 구조는 탐색 문제에 많이 사용된다.

[그림 4-30]의 예를 통해 트리 구조를 쉽게 이해해보도록 하자. a, b, c, d, g라는 5개의 도시를 연결하는 도로망이 만들어져 있다. 도시 a를 출발하여 g까지 가는 경로 중에서 가장 시간이 짧은 경로를 찾고자 한다. 도시 간 연결선의 숫자는 걸리는 시간을 의미한다.

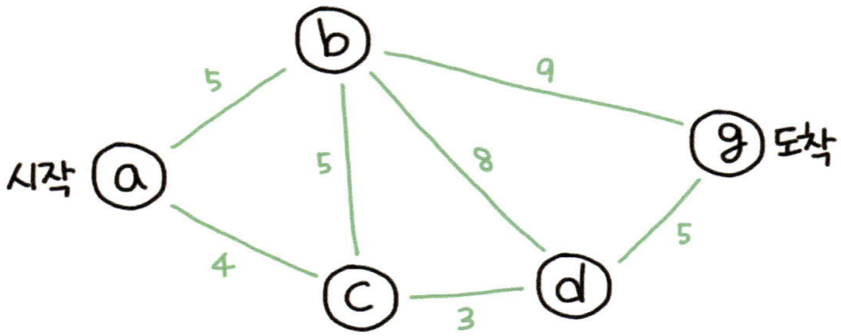

그림 4-30 모든 도시들 간의 경로와 이동 시간을 노드와 연결선으로 표현

이 문제에서 a에서 g로 가는 경로는 다음과 같이 모두 7가지다. (각 도시는 최대 한 번씩만 방문함)

1. a-b-g
2. a-b-c-d-g
3. a-b-d-g
4. a-c-b-g
5. a-c-b-d-g
6. a-c-d-g
7. a-c-d-b-g

가장 쉬운 방법은 이 모든 경우 각각에 대하여 걸리는 시간을 계산해서, 그중 가장 작은 값을 출력하면 된다. 하지만 이 방법은 우리가 앞서 살펴본 것처럼 도시의 수, 즉 n이 커질수록 시간 복잡도가 기하급수적으로 증가한다.

이런 종류는 문제를 트리 구조로 재구조화하여 표현하고, 탐색 알고리즘을 적용하면 더 효율적으로 해결할 수 있다. 이 문제의 트리 구조는 [그림 4-31]과 같이 표현된다.

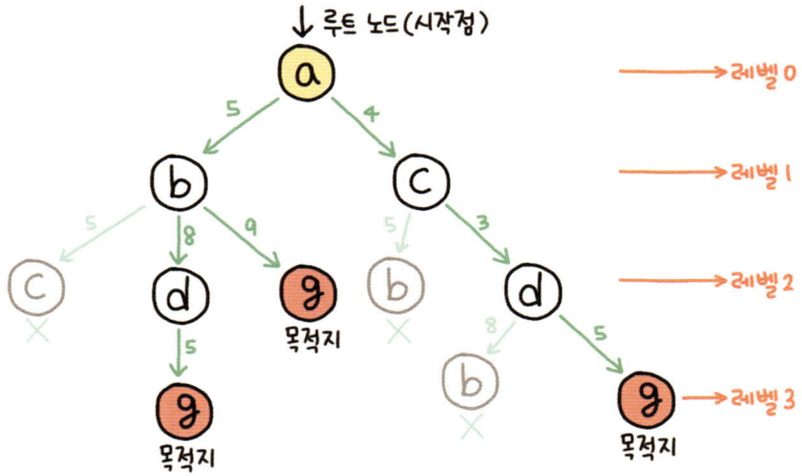

그림 4-31 모든 도시들 간의 경로와 이동 시간을 트리 구조로 표현

시작점(시작 도시)이 트리의 제일 위에 있는 노드(루트 노드)가 되고, 그 노드에서 갈 수 있는 모든 곳이 그 아래 레벨에 화살표로 연결된다. 도시 a에서 직접 갈 수 있는 모든 곳은 b와 c이므로, 그 아래 레벨에 화살표로 연결되어 있다. 시작 노드는 레벨0, 그 아래 노드들은 레벨1, 이런 식으로 레벨 번호가 정해진다고 하자.

그림을 보면 a에서 g까지 갈 수 있는 모든 경로를 한눈에 다 볼 수 있다. 레벨1의 b에서 갈 수 있는 곳은 c, d, g인데, 이 중에서 c로 가는 것은 의미가 없다. 왜냐하면 레벨1에 c가 있으므로 레벨2의 c에서 경로는 찾을 경우 시간이 더 짧아질 가능성은 없기 때문이다. 레벨2와 레벨3에 있는 b도 마찬가지다. 그런 식으로 하면 이 트리 구조에서 a에서 g로 가는 경로는 3가지만 남는다(❶ a-b-g, ❸ a-b-d-g, ❻ a-c-d-g). 즉, 탐색 공간이 많이 줄어든다.

이러한 트리 구조에서는 목적 노드, 즉 g를 찾는 것이 가장 중요하다. 일단 어떠한 g를 찾으면 그 g까지 가는 경로는 하나뿐이므로 그 경로를 출력해주면 되기 때문이다. 따라서 탐색 알고리즘은 이 트리 구조에서 그 g를 빠르게 찾는 알고리즘이 된다.

탐색의 기본적인 알고리즘에는 너비 우선 탐색breadth-first search, 깊이 우선 탐색depth-first search, 휴리스틱 탐색heuristic search 등이 있다. 여기서는 너비 우선 탐색으로 탐색 알고리즘을 살펴보자.

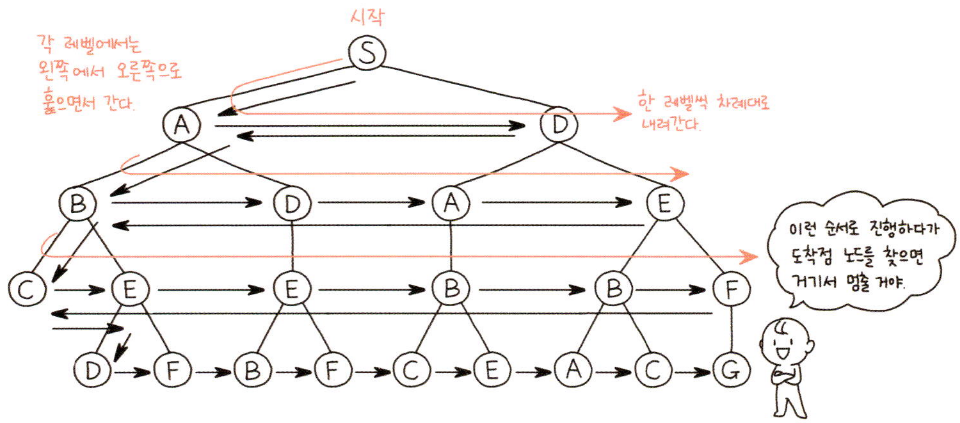

그림 4-32 너비 우선 탐색

너비 우선 탐색은 제일 위에 있는 노드에서부터 순서대로 한 칸씩 다음 레벨로 내려오면서 좌에서 우 방향으로 하나씩 체크하며 '도착점', 즉 목적 노드인지를 확인하는 방식으로 진행된다. 그렇게 진행하다가 도착점을 찾으면 거기서 중단한다. 그러면 시작점에서 그 도착점까지의 경로가 우리가 찾는 '답'이 되는 것이다.

이 트리 구조에는 도착점이 여러 개가 표시될 수 있다. 시작점에서 도착점까지 가는 경로는 하나가 아니라 여러 개가 있을 수 있기 때문이다. 하지만 각 지점 간 시간 거리가 동일하다면, 이 알고리즘은 가장 짧은 경로 찾기를 보장한다. 왜냐하면 시작점에서 시작해 한 칸씩 내려오면서 가장 처음 만나는 도착점을 찾기 때문이다.

너비 우선 탐색BFS: Breadth First Search은 이후에 더 효율적인 알고리즘을 적용하기 위한 기본이 된다. 그 트리 안에 도착점이 있다면 도착점을 찾는다는 것을 반드시 보장하기 때문이다.

[그림 4-30]에서 다룬 도시 간 이동 문제를 트리 구조와 너비 우선 탐색 관점에서 생각해보자. 너비 우선 탐색은 레벨1에서부터 시작해 차례로 아래 레벨로 내려간다. 그리고 각 레벨에서는 왼쪽부터 오른쪽으로 하나씩 체크해나간다. 그렇게 하다보면 레벨2에서 첫 번

째 g를 찾게 된다. 만약 도시 간 시간 거리가 모두 같다면, 혹은 문제의 내용이 가장 적은 수의 도시를 방문하는 경로를 찾는 것이라면, 이 탐색 알고리즘은 가장 짧은 경로 찾기를 보장해준다. 즉 a–b–g가 우리가 찾는 답이 된다.

하지만 [그림 4–30]의 문제에서는 도시 간 시간 거리가 다 다르다. 이런 상황에서 g까지 가는 가장 짧은 경로를 찾고자 한다. 이러한 경우, 가장 짧은 시간에 효율적으로 정답을 찾는 알고리즘은 기본적인 너비 우선 탐색 알고리즘을 조금씩 개선시킨 형태다. 균일 비용 탐색 알고리즘이나 최단 경로 알고리즘이 여기에 해당한다. 이 문제에서는 시간 거리를 고려한다면 a–c–d–g가 12시간으로, a–b–g의 14시간보다 더 좋은 경로가 된다. 목표점에 이르는 경험적 추정치까지 사용하게 되면 이는 휴리스틱 탐색 알고리즘에 해당한다. 그리고 휴리스틱 탐색 알고리즘은 인공 지능 분야로 연결된다.

문제를 트리 구조로 재구조화해서 표현하고, 그 구조에서 효율적인 탐색 알고리즘을 적용하는 것은 일반적으로 문제 해결에 많이 사용하는 전략이다. 트리 구조를 사용한다고 해도 n이 커지면 복잡도가 증가하여 문제를 해결하는 시간이 여전히 오래 걸릴 수가 있다. 또한 n이 너무 커서 트리 전체를 미리 다 그려놓는 것이 불가능한 경우가 대부분이다. 따라서 전체 트리를 다 그리는 대신 탐색을 통해 어느 지점에서 어느 지점으로 진행하면 좋을지에 대한 전략이 추가로 사용될 수 있는데, 이것은 인공 지능의 한 분야가 된다.

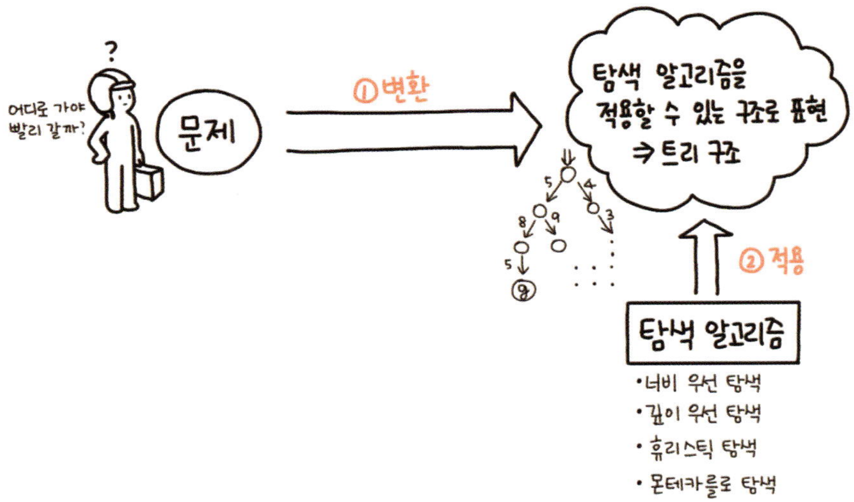

그림 4–33 트리 구조로 재구조화한 후에 탐색 알고리즘을 적용하여 문제를 해결한다.

체스나 바둑 같은 게임은 트리 구조에서 탐색 알고리즘을 기반으로 만들어진다. 교통 내비게이션의 알고리즘도 마찬가지다. [그림 4-34]의 (a)는 오목 게임과 유사한 삼목 게임이라고 할 수 있는 틱택토 게임에 대한 트리 구조의 일부를 보여준다. (b)는 로봇 팔이 3개의 블록을 ABC 순서로 쌓기 위해 트리 탐색 방법을 사용하여 해결하는 예를 보여준다.

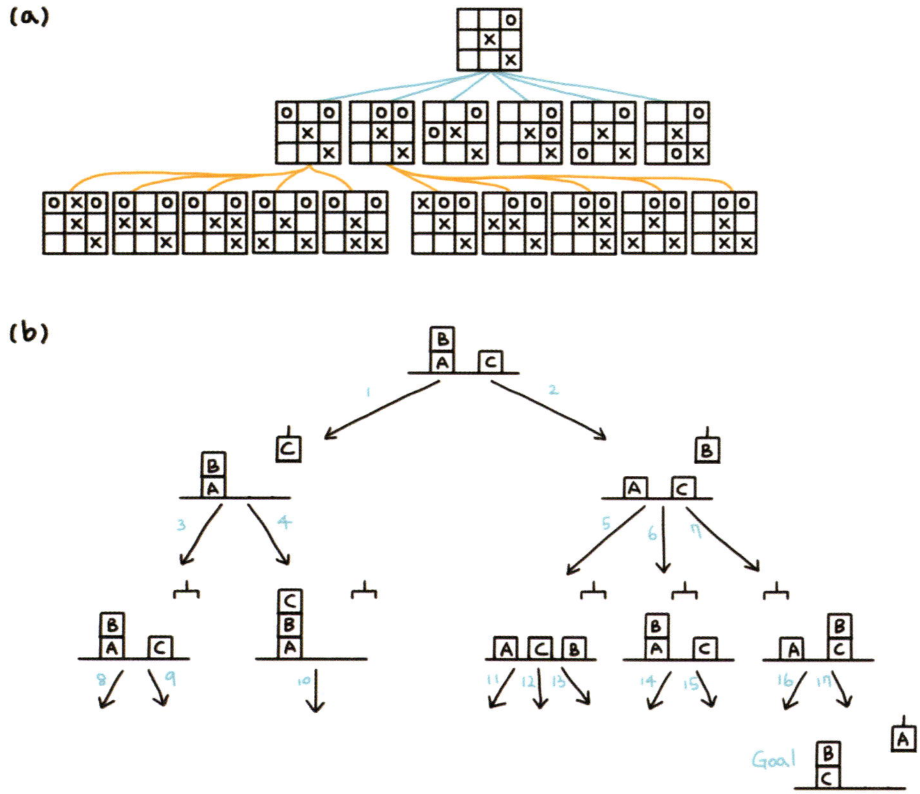

그림 4-34 트리 구조와 탐색 알고리즘은 오목이나 바둑, 로봇의 작업, 지능형 내비게이션에 사용될 수 있다.

게임 트리의 복잡도

두 사람이 서로 번갈아서 돌을 놓는 게임(체스, 바둑)의 경우 트리 형태를 만들면 해결책을 탐색하는 데 매우 효율적이다. 게임 트리에서 탐색을 수행할 때, 탐색 시간 복잡도는 여러 측면에서 생각해볼 수 있다. 즉, 몇 가지 다른 상태가 존재할지(왜냐하면 우리는 그 많은 상태들 중에서 특정한 상태를 찾는 것이기 때문에), 시작점에서 목적지까지 가기 위해 얼마나 많은 경로가 가능할지(왜냐하면 돌을 놓는 시작점에서 이기는 지점까지 가는 경로를 알고자 하는 것이기 때문에)를 놓고 비교한다.

틱택토tic-tac-toe 게임에서 3×3의 보드 위에 돌을 놓을 수 있는 위치는 모두 9곳이다. 각 위치마다 백이 오는 경우, 흑이 오는 경우, 비어 있는 경우 중 하나이기 때문에, 모두 3^9=19,683가지의 상태가 가능하다. 하지만 이 경기는 서로 주고받는 방식으로 진행되기 때문에 모두 다 백이거나 흑인 상태들은 제외해야 하므로 실제로는 5,478가지의 다른 상태가 존재한다고 한다. 이것을 상태 공간state space 복잡도라고 부른다.

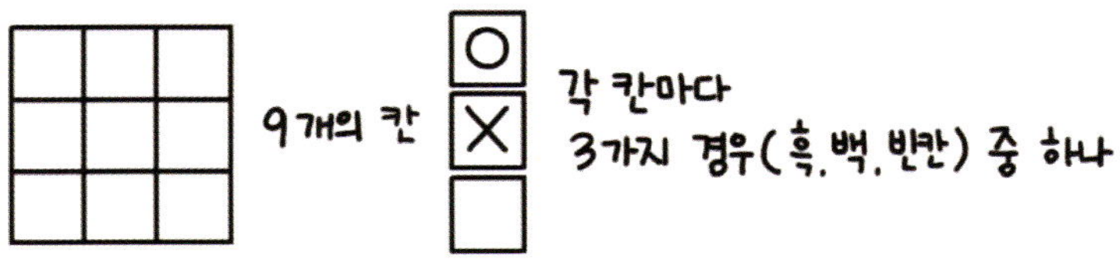

그림 4-35 틱택토 게임

이제 게임 트리의 크기를 추측해보자. 게임 트리의 크기란 '시작점에서부터 시작해 트리의 레벨이 아래로 내려가면서 얼마나 많은 경로가 생겨나는가'를 말한다. 경로는 모두 빈칸에서부터 시작하므로 9개의 칸 중에서 먼저 하나가 정해질 것이다. 그러면 그 아래에는 그 각각에 대해 나머지 8개 중에서 하나가, 그 아래에는 그 각각에 대해 나머지 7개 중에서 하나가 정해진다. 이런 식으로 반복해 진행되므로 가능한 모든 경로의 수는 9!=362,880이 된다. 하지만 둘 중 한 사람이 이기면 더 이상 경로가 진행되지 않아야 하므로 이것을 감안하면 255,168이 된다고 한다. 이것을 게임 트리 또는 탐색 트리search tree 복잡도라고 부른다.

게임 트리의 복잡도는 빅-오 표기보다는 보통 10의 제곱으로 많이 표현한다. 따라서 상태 공간 복잡도(상태의 가짓수)는 10^3, 게임 트리의 복잡도는 10의 지수승으로 표시한다. [그림 4-36]은 여러 게임 트리의 복잡도를 보여준다.

게임 종류	보드 크기	상태 공간 복잡도	게임 트리 복잡도
틱택토(Tic-Tac-Toe)	3×3=9	10^{3}	10^{5}
커넥트-4(Connect-4)	7×6=42	10^{13}	10^{21}
체스(Chess)	8×8=64	10^{47}	10^{123}
바둑(Go)	19×19=361	10^{170}	10^{360}

그림 4-36 여러 게임의 복잡도를 비교해보자.

체스나 바둑의 경우 복잡도가 너무나 커서 일반적인 컴퓨터와 알고리즘으로는 해결하기가 무척 어렵다. 그래서 인공 지능 기법이 사용되고 있다.

연습문제

[그림 4-37]의 화면에 타일들이 놓여 있다. 맨 왼쪽 그림에는 시작하는 타일이 표시되어 있다. 여기서 출발해 타일 하나를 한 번씩만 통과하여 전체 타일을 모두 방문하는 문제다. 가운데 그림은 문제 해결에 실패한 예이고, 제일 오른쪽 그림은 문제 해결에 성공한 예다. 여러분이라면 이 문제를 어떻게 해결하겠는가? 트리 기반으로 문제를 정의해보자. 알고리즘을 제안해보라.

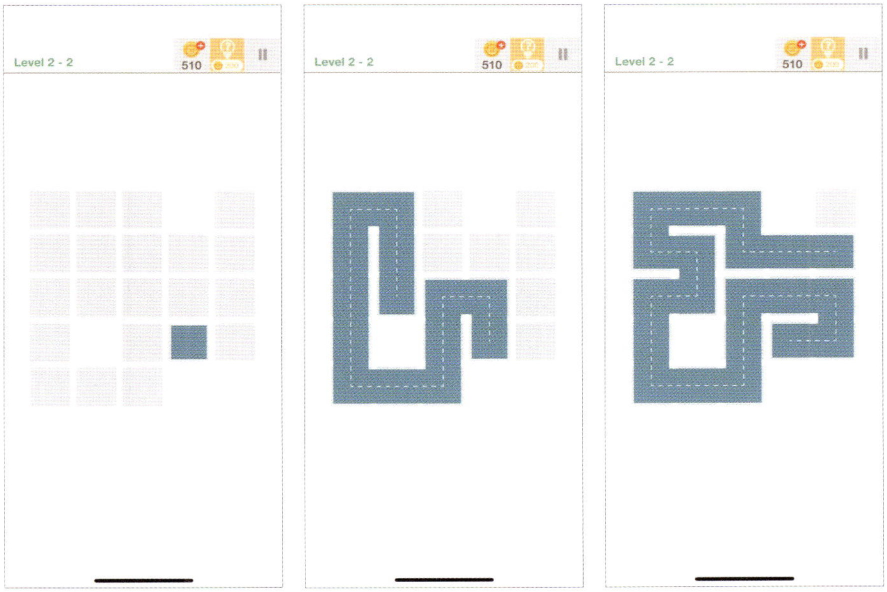

그림 4-37 앱 게임 Fill one-line puzzle game

06 프로그래밍

우리가 만든 알고리즘을 컴퓨터에서 자동으로 돌아가게 하려면 그것을 컴퓨터에서 돌아갈 수 있는 형태로 옮겨주어야 한다. 프로그래밍은 그 옮기는 과정이라 할 수 있다. 프로그래밍은 프로그래밍 언어를 사용하여 알고리즘을 프로그램 코드로 작성하는 것이며, 이 코드는 컴퓨터에서 실행된다.

사실 컴퓨터 안에서는 CPU, 메모리, 캐시, 연산장치 등의 하드웨어가 이진 형태의 데이터만 처리하도록 설계되어 있다. 이진 데이터를 다루는 언어인 '기계어'가 이미 하드웨어에 정의되어 있는 것이다. 하지만 인간이 기계어를 이해하고 사용하기는 힘들 뿐 아니라 비효율적이다. 그래서 우리는 C, 자바Java, 파이썬Python 등의 프로그래밍 언어를 사용하는 것이고, 컴파일러나 인터프리터가 이 프로그래밍 언어를 기계어로 변환하여 컴퓨터라는 기계에서 사용할 수 있게 해준다.

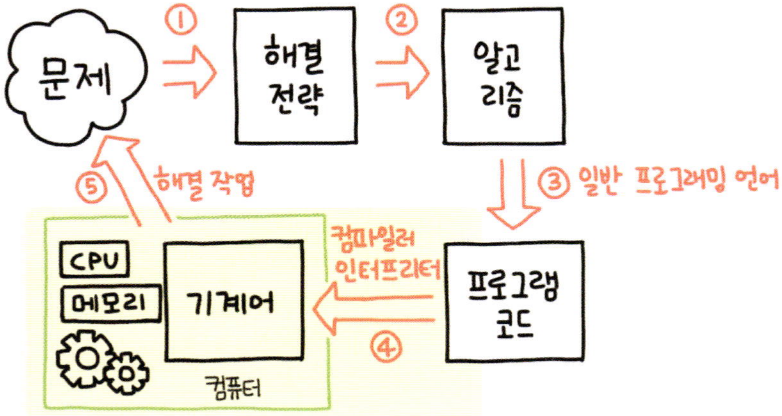

그림 4-38 문제가 컴퓨터로 해결되도록 하는 과정

프로그래밍 언어는 알고리즘과 같은 논리적 구조를 사용한다. 다만, 컴퓨터 하드웨어에는 인간이 지닌 것과 같은 상식이 없기 때문에 프로그래밍에서 사용할 수 있는 명령어를 미리 명확하게 정의해두었다. 프로그래밍이란 이 같은 명령어들을 순서대로 구조화하여 알고리즘 혹은 문제 해결 전략을 실제로 구현하는 것이다. [그림 4-39]를 통해 프로그래밍을 쉽게 이해해보자.

이 스마트폰 앱 게임(라이트봇)은 프로그래밍의 기본 개념을 잘 보여준다. 이 게임은 로봇이 현재 위치에서 한 칸씩 움직여 파란색 칸에 가서 불을 켜게 하는 것이다. 명령어는 그림과 같이 5개가 미리 정의되어 있다. 프로그래밍은 이렇게 미리 정의된 명령어만 사용할 수 있다.

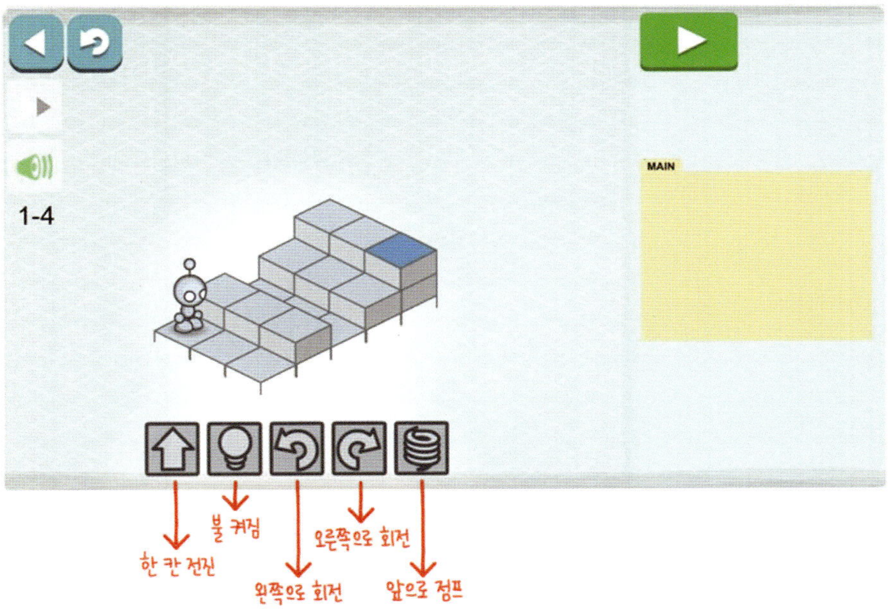

그림 4-39 앱 게임 라이트봇의 명령어들

프로그래밍은 이미 있는 명령어들을 '순서대로' 나열하여 우리가 원하는 작업을 하게 하는 것이다. 이 게임을 실행하기 위한 프로그램 코드 중 하나는 [그림 4-40]과 같다. 그림에서 MAIN이라고 적힌 박스 안에 명령어들을 넣고, 이것을 순서대로 진행하면 불이 켜진다(왼쪽으로 회전-점프-점프-점프-점프-오른쪽으로 회전-전진-전진-불 켜짐).

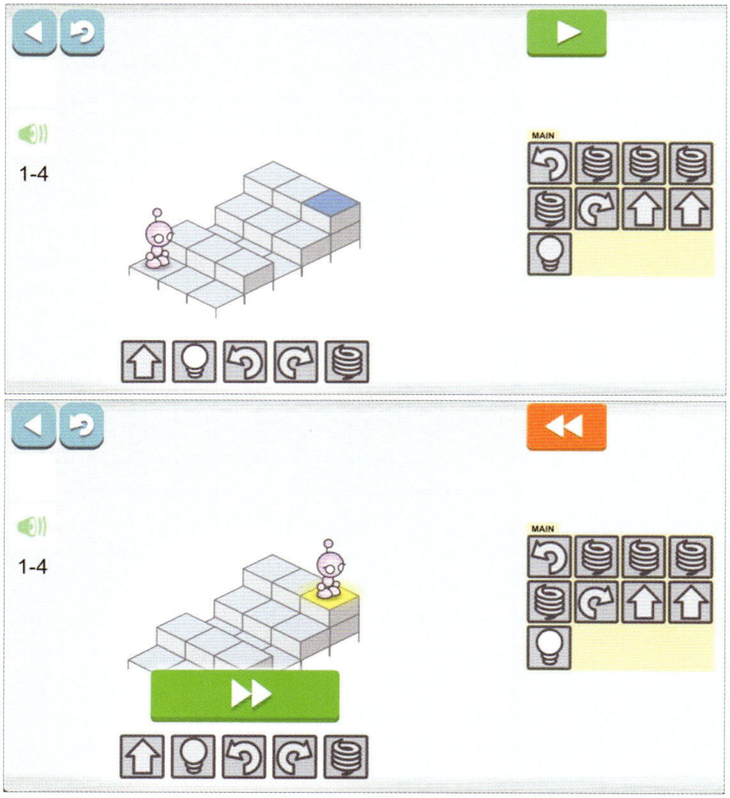

그림 4-40 라이트봇의 명령어들을 배열하여 미션을 완수한다.

프로그래밍에서 또 하나 알아야 할 것이 있다. 프로그램 코드를 만들 때 계속 재사용되는 부분이 있다면 그것도 하나의 명령어처럼 정의해놓고, 명령어처럼 불러서 사용할 수 있다. 이런 코드를 함수 혹은 프로시저라 부른다. [그림 4-41]을 통해 함수에 대해 이해해보자.

[그림 4-41]과 같이 MAIN 박스 외에도 PROC1이라는 박스를 만들어서 코드를 정의할 수 있다. 그리고 MAIN에서 PROC1을 마치 명령어처럼 불러서 사용할 수 있다. 이는 프로그램의 재사용성과 효율성, 가독성을 높이기 위한 것이다. 이 게임 문제에서는 로봇이 '앞으로 3칸 전진한 후에 불을 켜는' 동작(혹은 작업)이 반복될 수 있음을 알 수 있다. 이렇게 반복되는 부분을 함수(혹은 프로시저)로 정의해놓고, 이 함수를 반복적으로 불러서 사용할 수 있다.

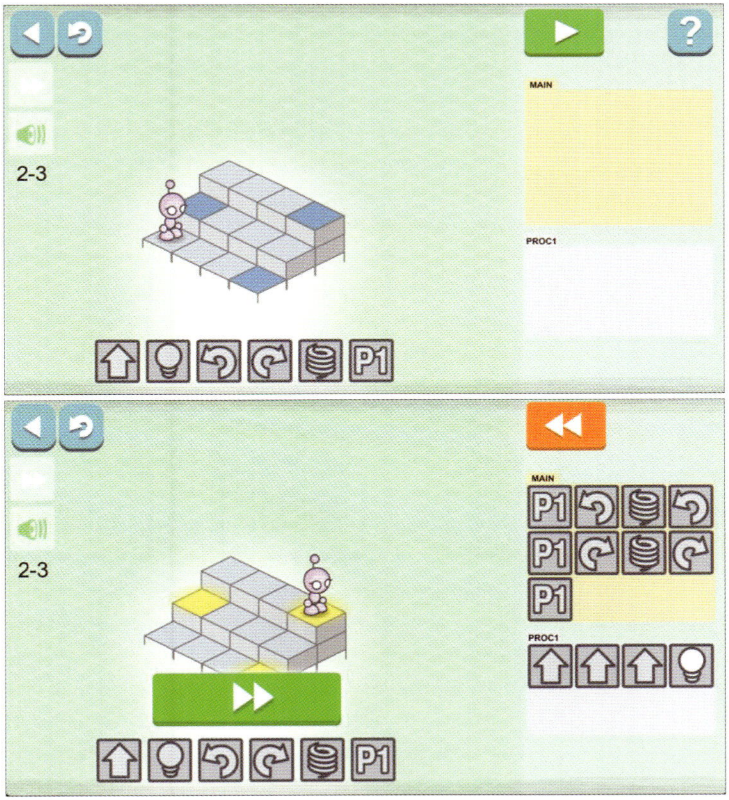

그림 4-41 반복되는 코드 부분을 PROC1로 정의하여 재사용할 수 있다.

PROC1에서는 3칸 전진해서 불 켜는 것을 하나의 묶음처럼 정의해놓았다. MAIN에서는 PROC1을 부를 때마다 그 묶음이 실행되도록 하는 것이다. 오피스 프로그램에서 사용하는 매크로와 비슷한 개념이다.

이 게임은 간단하지만 다음과 같이 프로그래밍 언어로 프로그래밍할 때 동일하게 사용하는 기본 개념을 다 담고 있다.

- 명령어들이 이미 정해져 있다.
- 그 명령어들을 순서대로 나열하여 원하는 동작을 하게 한다.
- 함수 혹은 프로시저라는 단위로 그 동작 명령어들을 묶어서 효율적으로 재사용하게 한다.

프로그래밍의 기본 개념은 위와 같지만, 실제로는 계속해서 들어오는 입력 데이터에 대하여 프로그램 코드가 컴퓨팅 작업을 수행해 그 입력에 대한 출력을 내도록 만들어진다. 그러므로 기본 개념에서 더 나아가 외부의 데이터들을 어떻게 가져오는지, 이 데이터들을 활용해 어떻게 논리적으로 원하는 작업이 자동으로 수행되게 하는지도 알아야 한다. [그림 4-42]는 프로그램에서 사용하는 다양한 형태의 입력을 보여준다.

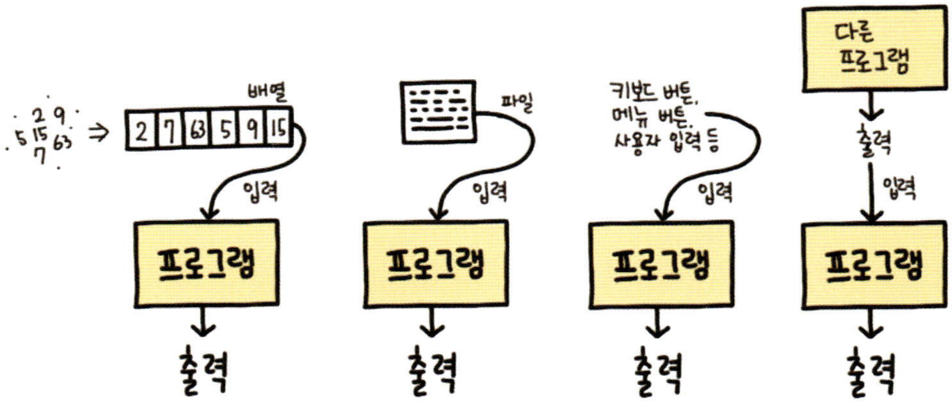

그림 4-42 프로그램의 입력의 형태는 다양하다.

기본적인 구조만 정해지면, 어떤 종류의 데이터가 입력되더라도 논리적으로 처리되어 적절한 결과가 출력된다. 앞서 로봇이 블록을 건너서 불을 켜는 문제에서는 각 상황에 맞는 코드를 만드는 것만 보여주었다. 그러나 실제로 로봇 경로 프로그래밍을 만든다면, 그 프로그램은 어떤 블록 상황이 입력으로 주어진다 해도 다 해결할 수 있게 만들어져야 하고 [그림 4-43]처럼 각각의 입력에 대한 경로 값이 출력되어야 할 것이다. 그러면 이 프로그램은 어떤 상황에 놓인 로봇이라도 목적지까지 다 찾아가는 자동화 기계(소프트웨어)가 될 수 있다.

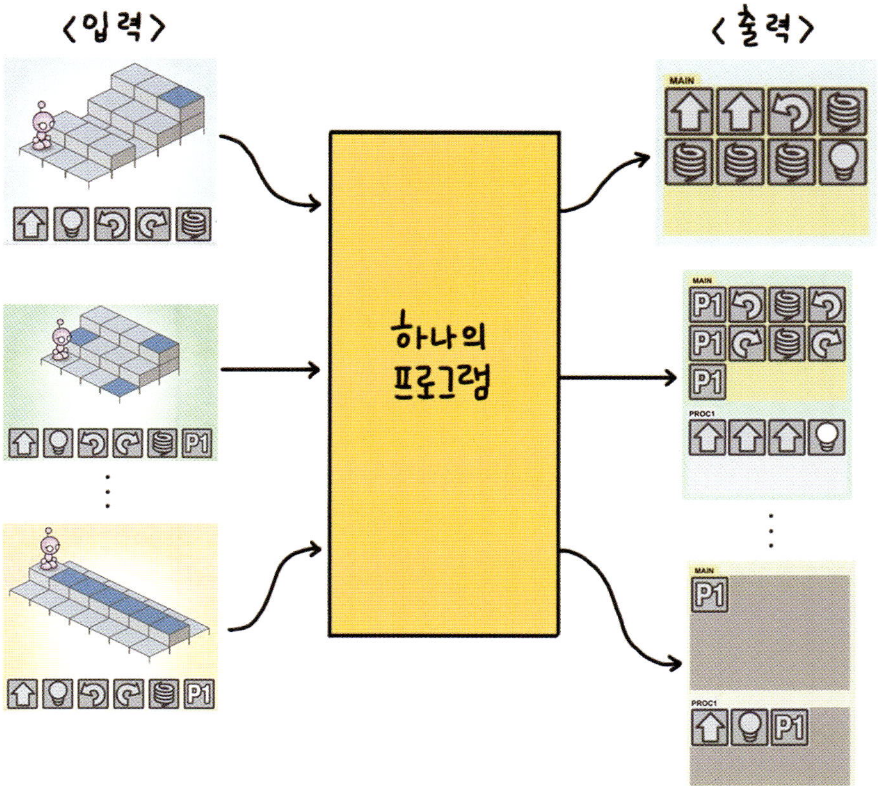

그림 4-43 문제의 범위 안에서 어떤 입력 값이 들어오더라도 각각의 출력을 낼 수 있도록 프로그램은 일반성을 지녀야 한다.

프로그래밍을 잘하려면 사용하는 프로그래밍 언어의 문법과 명령어를 잘 알아야 한다. 또한 이와 함께 문제를 해결하기 위한 논리적인 전략과 알고리즘을 만들어내는 능력도 매우 중요하다.

프로그래밍 언어에는 명령어들이 아주 많아 일일이 다 기억해 사용하기 힘들 수도 있다. 또 프로그래밍 언어마다 장점을 지닌 명령어들이 달라 특정 작업(웹, 앱, 시스템, 시뮬레이션, 이미지 등)을 할 때는 해당 작업에 더 적합한 프로그래밍 언어를 선택하는 것이 현명하다. 그래도 최근에 프로그래밍을 쉽게 할 수 있도록 도와주는 도구들이 많이 나와 프로그래밍 자체는 점점 쉬워질 것으로 기대된다.

CHAPTER 04

자동화 알고리즘

프로그래밍 언어

전 세계에서 인간이 사용하는 언어는 2019년을 기준으로 7,111개 정도라고 한다(www.ethnologue.com/statistics). 이 중 실제로 많이 사용하는 언어는 몇십 개에 불과하며, 수많은 언어가 안타깝게도 소멸되고 있다. 각 언어는 각기 다른 문법과 표현력, 사용성을 지니고 있지만 기본적인 언어의 역할과 방식은 거의 비슷하다고 볼 수 있다.

컴퓨터 프로그래밍 언어도 700개가 넘는다고 알려져 있다. 프로그래밍 언어도 각각의 문법과 표현력, 사용성을 지니고 있다. 특정한 목적을 위한 언어도 있고 특정 환경에서 더 장점을 발휘하는 언어도 있다. 컴퓨팅 환경과 활용 범위에 따라 언어의 인기가 오르내리기도 하고, 새로운 언어가 등장하기도 하며, 기존 언어가 사라지기도 한다. [그림 4-44]는 최근 프로그래밍 언어의 인기 순위를 보여준다.

Aug 2019	Aug 2018	Change	Programming Language	Ratings	Change
1	1		Java	16.028%	-0.85%
2	2		C	15.154%	+0.19%
3	4	^	Python	10.020%	+3.03%
4	3	v	C++	6.057%	-1.41%
5	6	^	C#	3.842%	+0.30%
6	5	v	Visual Basic .NET	3.695%	-1.07%
7	8	^	JavaScript	2.258%	-0.15%
8	7	v	PHP	2.075%	-0.85%
9	14	^^	Objective-C	1.690%	+0.33%
10	9	v	SQL	1.625%	-0.69%

그림 4-44 프로그래밍 언어 순위(출처 : https://www.tiobe.com)

스크래치

스크래치scratch는 블록 기반의 비주얼visual 프로그래밍 언어이며, 주로 어린이들을 대상으로 하여 교육용으로 사용되고 있다. 스크래치는 프로그래밍 명령어들이 레고 블록과 같은 형태로 만들어져 있어 이것을 드래그하여 붙여 하나의 프로그램을 만드는 방식이며, 실행하면 결과가 화면에 즉각 나타난다.

스크래치는 미국 MIT 미디어랩에서 만들어졌으며 전 세계 70개 이상의 언어로 번역되어 초중고등학교의 정규 수업 혹은 방과 후 수업에서 활용되고 있다. 또한 2019년 현재 약 4천만 명의 가입 사용자에 의해 4천만 개 이상의 프로젝트 코드들이 웹 사이트를 통하여 공유되고 있다. 우리나라의 경우, 네이버㈜의 커넥트재단에서 만든 엔트리가 이와 유사한 블록 기반 프로그래밍 언어이며 초등학교와 중학교에서 교육용으로 많이 사용되고 있다.

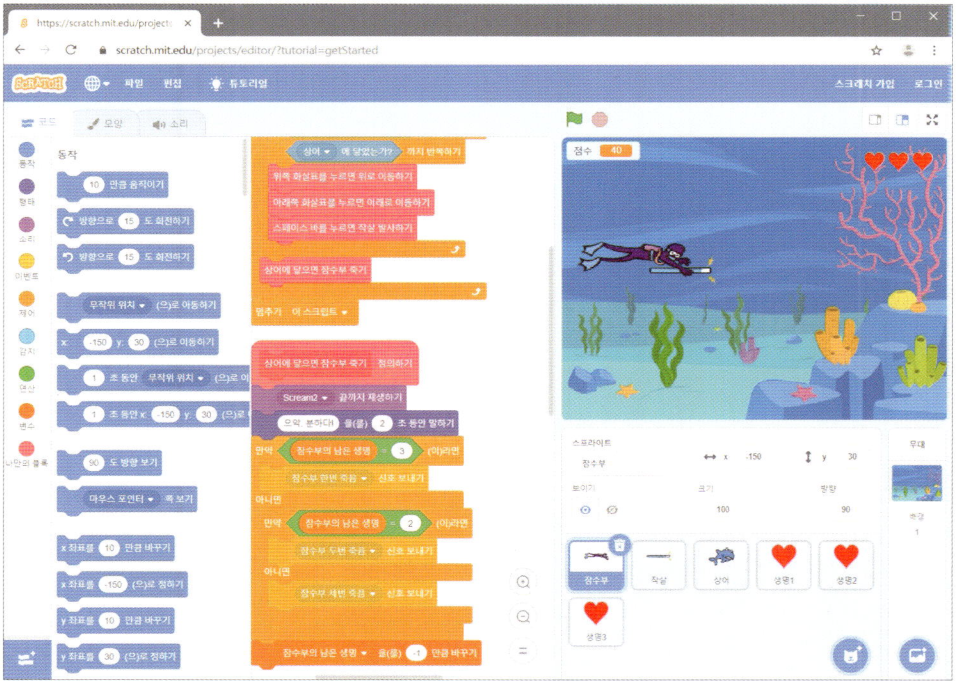

그림 4-45 스크래치 프로그래밍 화면

HTML, CSS, 자바스크립트

2019년 기준으로 WWW에는 약 60조 개 이상의 웹 페이지들이 있는 것으로 추정된다. 현재 웹 페이지에 사용되는 표준 기술은 HTML5 표준, CSS3 표준, 자바스크립트 3가지다.

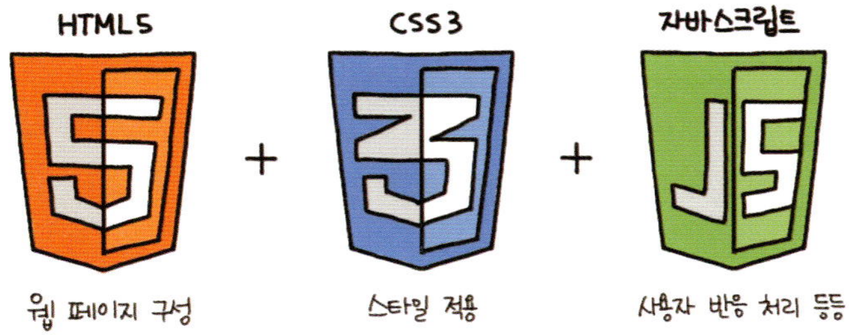

그림 4-46 웹 페이지를 만들 때는 HTML, CSS, 자바스크립트가 가장 기본적인 언어로 사용된다.

HTML5는 크게 보면 CSS3와 자바스크립트를 모두 아우르는 개념이고, 작게 보면 HTML 마크업 언어 자체를 뜻하기도 한다. CSS_{Cascading Style Sheets}는 웹 페이지에 스타일을 지정할 때 사용하는데 배경색 지정과 레이아웃 변경 외에도 그레이디언트, 회전, 애니메이션 등의 기능도 지원한다. 자바스크립트는 웹 페이지에서 사용자 반응 등을 처리할 때 사용한다. 표준 명칭은 ECMAScript이지만 대부분 자바스크립트라는 이름을 쓰고 있다.

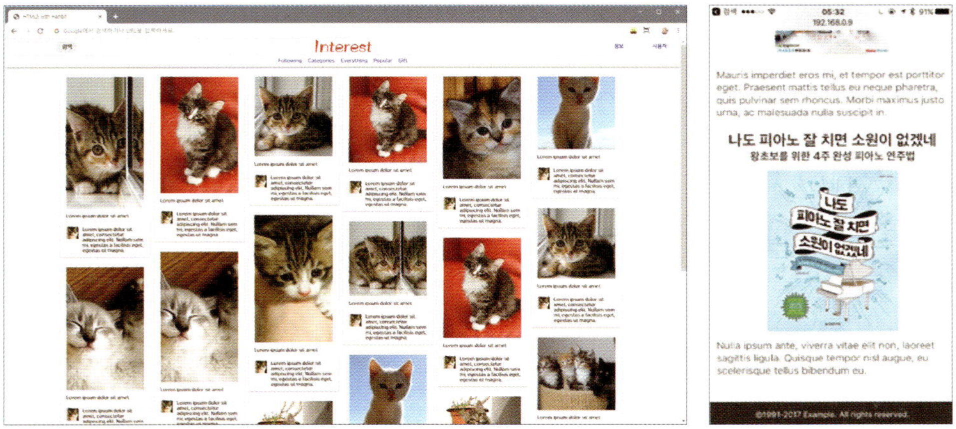

그림 4-47 핀터레스트 스타일의 웹 페이지와 모바일 페이지

C, C++

C는 범용 컴퓨터 프로그래밍 언어다. 1972년에 만들어졌는데, 아마도 지금까지 가장 많이 사용된 프로그래밍 언어일 것이다. C++ 또한 범용 컴퓨터 프로그래밍 언어인데, C언어에 객체 지향 언어의 특징인 클래스class를 사용할 수 있게 만든 확장판으로 볼 수 있다.

C와 C++는 처리 속도와 메모리 효율성이 중요한 응용 프로그램을 만들 때 주로 사용된다. 제조 산업, 게임, VR, 로보틱스, 과학 분야 등에 이르기까지 폭넓게 사용되고 있다.

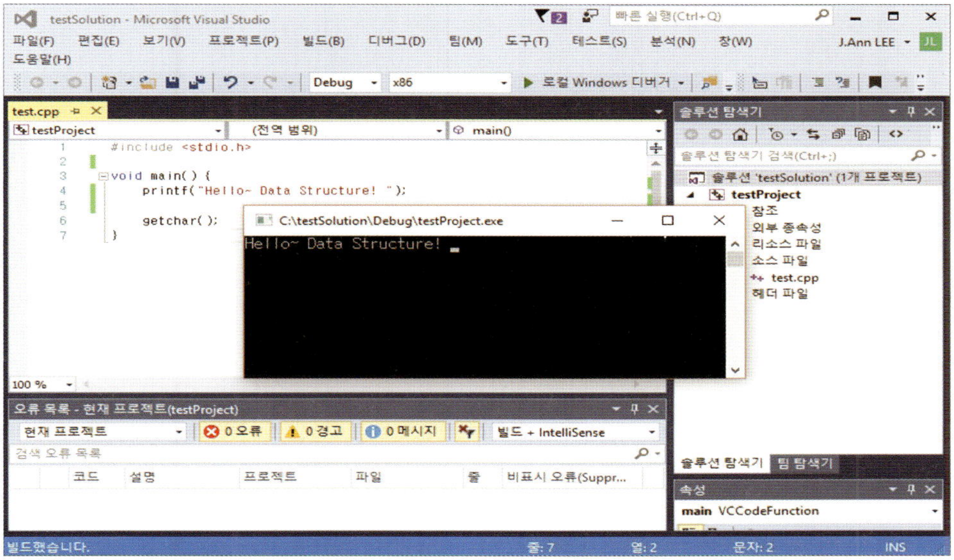

그림 4-48 C 프로그래밍 화면

자바

자바Java는 융통성과 호환성 때문에 가장 인기 있는 범용 프로그래밍 언어 중 하나이며, 클래스를 사용하는 객체 지향 언어다. 또한 코드가 특정한 운영체제나 플랫폼에 영향을 받지 않도록, 한 번 컴파일되면 어디서든 그대로 사용되도록 하고 있다. 주로 클라이언트–서버 웹 응용 프로그램 개발에서 사용되며, 모바일 응용 프로그램과 대형 시스템 개발에서도 많이 사용된다.

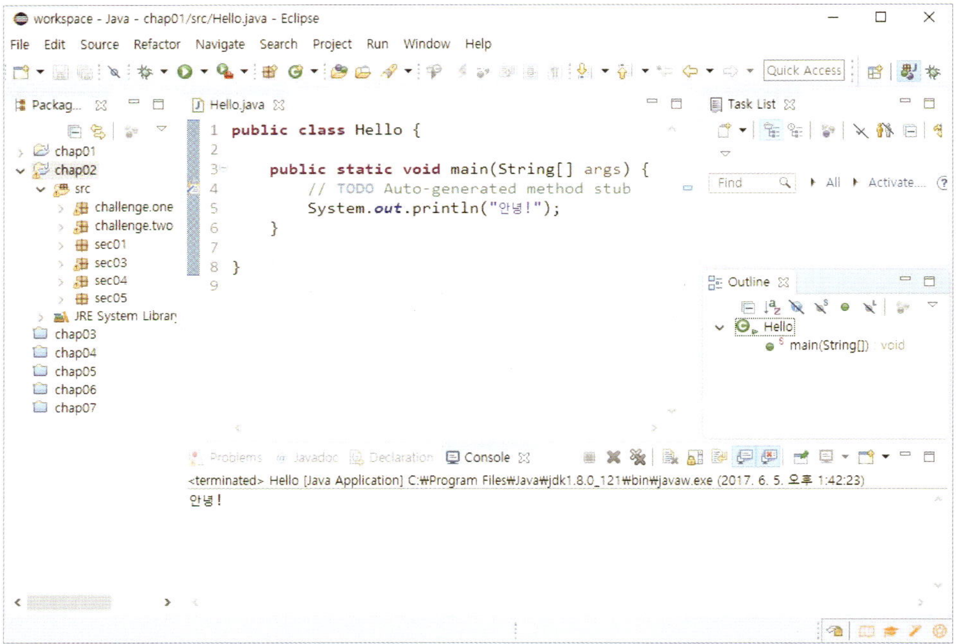

그림 4–49 자바 프로그래밍 화면

파이썬

파이썬Python은 최근 가장 인기 있는 프로그래밍 언어로 부상했다. 범용 프로그래밍 언어로 다양한 프로그래밍 패러다임, 즉 절차적 언어, 객체 지향적 언어, 함수적 언어 특징을 모두 지원한다. 융통성이 높고 코드가 간결하여 최근에는 처음 배우는 프로그래밍 언어로 많이 활용되고 있다. 대학에서도 파이썬을 교양 과목으로 개설하는 경우가 많다. 웹 개발, 소프트웨어 개발 뿐만 아니라 다양한 과학 연구 분야에서도 사용되고 있다.

파이썬은 오픈 소스로 발전해가면서 굉장히 많은 라이브러리들이 제공되고 있다. 특히 데이터 과학과 기계 학습 분야에서는 풍부한 라이브러리 덕분에 주요 프로그래밍 언어로 사용되고 있다.

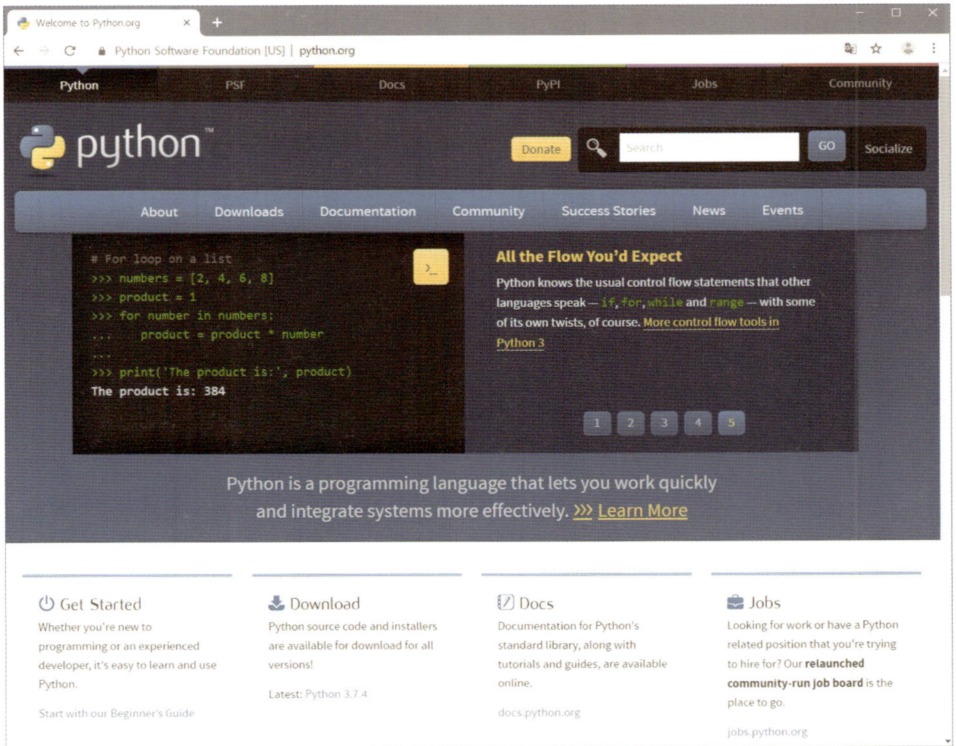

그림 4-50 파이썬 프로그래밍 웹 사이트

CHAPTER

05

지능의 자동화

인간의 인지 작업을 자동화하려는 노력은 지금도 계속되고 있다. 처음에는 단순 반복 계산을 실수 없이 빠르게 하기 위한 자동 기계로 시작했지만, 자동화하려는 인지 작업의 폭과 범위는 점점 확장되었다. 마침내 ICT(정보통신기술)의 대중화와 맞물리면서 인지 작업의 자동화는 사무자동화, 과학, 예술, 사회 인프라에 이르기까지 엄청난 변화를 일으켰고, 이제는 인간의 지능적 행위와 판단에 이르기까지 그 범위를 넓혀가고 있다.

이 장에서는 인간의 지능적인 작업과 노동이 알고리즘으로 어떻게 설계되고 만들어지는지 전체적인 관점으로 살펴보도록 하자.

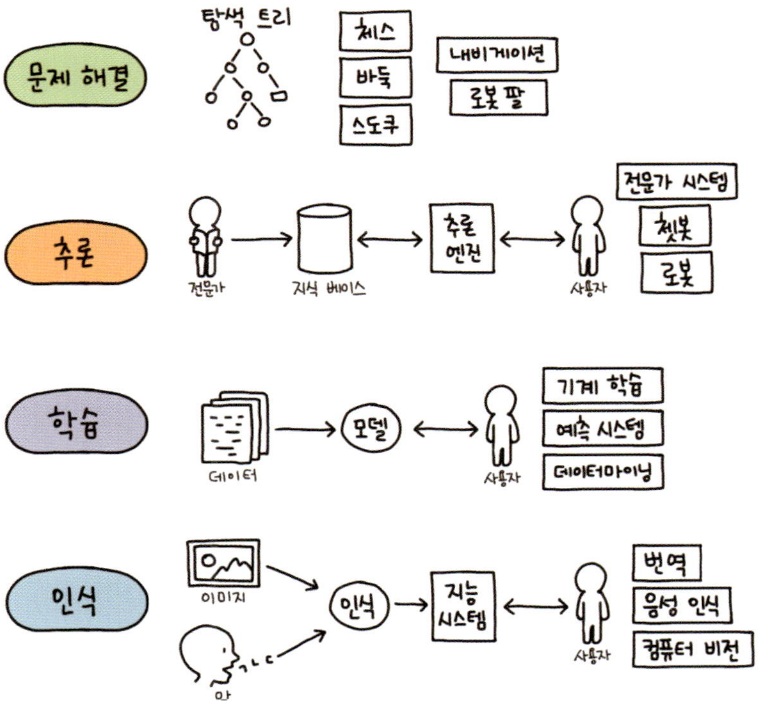

01 체스 : 기계가 인간을 이기다

컴퓨터의 역사 혹은 자동화 기계의 역사에서 체스chess 게임은 큰 의미가 있다. 인간이 체스 게임을 해온 역사는 천 년이 넘는다. 그런 까닭에 체스 게임은 인간이 겨루는 지능적 게임의 대명사로 일찌감치 자리를 잡았다. 사람들은 체스 게임을 수학이나 과학적 계산이라기보다는 인간의 직관과 고차원의 지능이 사용되는 놀이로 여겼다. 또 하나, 체스 게임은 신체 동작을 동반한다.

컴퓨팅 기계에서 인공 지능으로

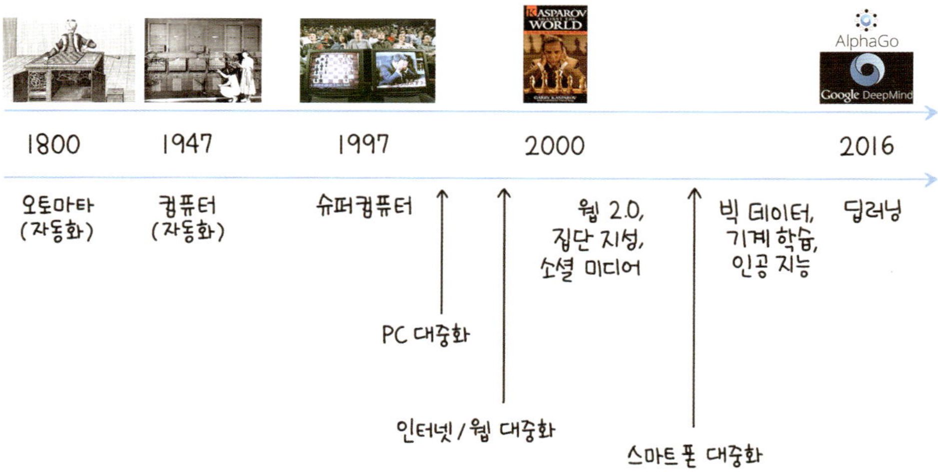

그림 5-1 자동화 기계의 진화

1770~1854년 : 더 투르크

17~18세기에 유행한 오토마타automata는 '스스로 움직이는 인형'을 말한다. 태엽이나 바람, 중력 등의 에너지를 이용해 여러 기어와 기계 도구를 움직여 동작하는 인형이다. [그림 5-2]의 왼쪽 그림은 18세기에 생산된 것으로 알려진 마이야드레Mailladret의 오토마타다. 이 소년의 모습을 한 기계는 펜으로 그림을 그리고 시를 쓰는 7가지 동작을 하도록 만들어졌다.

그림 5-2 18세기 인간의 행위를 흉내 내는 자동화 기계(출처 : CBS Sunday Morning)

같은 시기에 [그림 5-3]과 같이 체스를 두는 오토마타인 더 투르크The Turk도 등장했다.

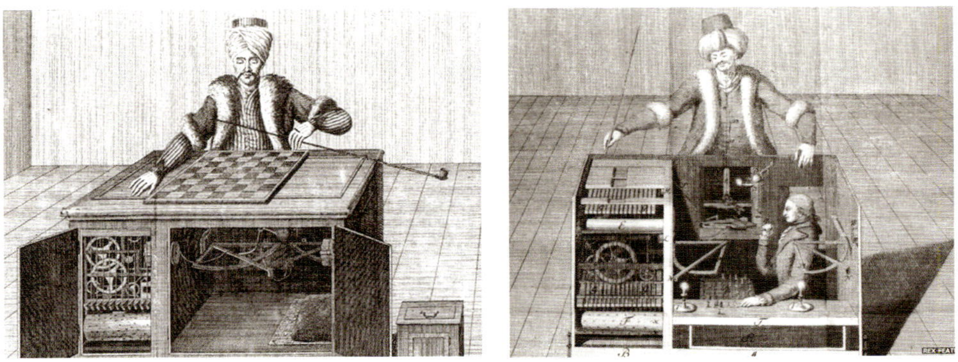

그림 5-3 약 200년 전, 체스를 두는 기계 더 투르크(출처 : https://www.smithsonianmag.com, https://www.bbc.com)

기존 오토마타는 정해진 동작을 일방적으로 수행하는 수준이었는데, 1770년에 등장한 것으로 알려진(안타깝게도 1854년에 불에 타 없어진) 더 투르크는 상대방인 사람의 동작에 반응해 스스로 판단하여 동작을 결정하는 체스 게임 기계라는 점에서 큰 놀라움을 안겨주었다. 그 판단 행위 자체가 매우 높은 지능을 사용하는 것이기 때문이다. 더 투르크는 수많은 전시장에서 구름 관중을 몰고 다녔으며, 우리가 잘 알고 있는 벤저민 프랭클린과 나폴레옹도 더 투르크와 체스 게임을 했다고 한다.

17~18세기의 산업혁명 시기에 인간의 신체 동작과 노동을 자동화하여 많은 성과를 만들어냈다. 오토마타도 이러한 관점에서 바라볼 수 있다. 하지만 그 시기에 인간의 생각, 그것도 지능적 사고를 오토마타 기계로 만들려고 시도했다는 것은 아무리 생각해도 매우 놀라운 일이다.

그렇다면 인간의 지능을 어떻게 기계로 구현했을까? 그것도 1700년대에 말이다. 나중에 밝혀진 사실이지만, 복잡한 톱니바퀴들로 구성된 기계 속에는 사실 체스를 잘 두는 사람이 숨어 있었다. 그는 상대방이 두는 수에 따라서 오토마타 로봇의 팔 동작을 조정하여 수를 놓게 했던 것이다. 즉, 신체 동작은 오토마타가 했지만 지능까지 담아내지는 못했다. 하지만 오토마타로 인간처럼 지능적인 동작을 할 수 있겠다는 상상력이 오늘날 컴퓨터와 인공지능 알고리즘을 만들게 된 시작이 아닐까?

1912~1920년 : 스페인의 토레스가 만든 체스 플레이어

스페인의 토레스Torres y Quevedo가 만든 체스 플레이어야말로 인간의 도움 없이 체스 게임을 스스로 한 최초의 오토마타라 할 수 있다. 전자회로를 사용해 간단한 알고리즘을 수행할 수 있도록 제작했으며, 역사상 최초의 컴퓨터 게임으로도 불린다. 당시에는 아직 기술적 한계가 있었기 때문에 완전한 게임은 아니었다. 말이 3개만 남은 마무리 상태, 즉 인간은 흑의 킹, 기계는 백의 킹과 룩을 가지고 있는 상태에서 경기가 진행되도록 만들어졌다. [그림 5-4]는 토레스가 1912년에 만든 첫 번째 기계와 1920년에 그가 아들과 함께 만든 두 번째 기계를 보여준다.

그림 5-4 토레스가 만든 첫 번째 체스 기계(왼쪽)와 두 번째 체스 기계(오른쪽)(출처 : history-computer.com)

1940~1950년대 : 전기전자적 범용 컴퓨터와 체스 알고리즘의 발전

제2차 세계대전을 거치면서 전기전자 분야에 커다란 발전이 이루어져, 전기전자적 범용 컴퓨터도 이 시기에 본격적으로 등장하였다. 1941년에는 콘라트 추제Konrad Zuse가 컴퓨터 체스 알고리즘 개발에 대한 논문을, 1948년에는 위너Wiener가 지금도 사용되는 민맥스minmax 알고리즘과 평가 함수에 관한 논문을 발표했다. 1950년에는 섀넌Shannon이, 1951년에는 튜링Turing이 체스 알고리즘에 관한 논문을 발표했다. 1956년에는 매카시McCarthy가 알파-베타alpha-beta 탐색 알고리즘을 만들었다. 이 시기는 인간 지능에 대한 자동화 알고리즘 연구가 막 시작되던 때라, 체스 게임은 이 연구에 아주 좋은 재료가 되었다. 인공 지능Artificial Intelligence이라는 단어도 1956년에 다트머스Dartmouth 학회에서 처음 등장했다. 이 학회를 기점으로 인간을 이기는 체스 알고리즘을 만드는 것이 인공 지능 분야의 큰 주제가 되었다.

[그림 5-5]는 인공 지능이라는 용어와 분야가 처음 만들어진 다트머스 학회에 참석한 학자들의 모습이다. 이들은 인공 지능 분야를 선도하며 많은 초기 업적을 남겼다.

존 매카시John McCarthy　마빈 민스키Marvin Minsky　클로드 섀넌Calude Shannon　레이 솔로모노프Ray Solomonoff
앨런 뉴얼Allen Newell　허버트 사이먼Herbert Simon　아서 사무엘Arthur Samuel　올리버 셀프리지Oliver Selfridge
트렌차드 모어Trenchard More　나다니엘 로체스터Nathaniel Rochester

그림 5-5 인공 지능의 초기 선구자들

1996~1997년 : 카스파로프 vs 딥블루

1940년대에 전기전자적 범용 컴퓨터가 등장한 이후 메모리, CPU, 아키텍처와 관련된 기술은 엄청난 속도로 발전했다. 슈퍼컴퓨터로 대표되는 컴퓨터의 계산 속도를 높이기 위해 수많은 연구가 이루어졌다. 그런 가운데 인터넷과 웹www이라는 혁명적인 도구가 등장했다. 이 같은 새로운 하드웨어와 네트워크 인프라를 바탕으로 알고리즘과 프로그래밍, 인공 지능 분야에서 눈부신 성과를 이루어나갔다.

1996년에 IBM의 슈퍼컴퓨터 딥블루Deep Blue와 그 당시의 전설적인 체스 마스터인 카스파로프Kasparov가 체스 대결을 펼쳤다. 러시아 출신인 카스파로프는 20세 이후로 한 번도 게임에서 져본 적이 없는 인물이었다. 딥블루는 카스파로프를 이기기 위해 개발되었다고 할 정도로 그 당시에 개발된 컴퓨터의 하드웨어, 소프트웨어, 인공 지능 기술을 집대성한 슈퍼컴퓨터였다. 게임은 총 여섯 차례였다. 첫 게임에서는 딥블루가 이겼다. 나머지 다섯 게임에서 세 번은 카스파로프가 이기고 두 번은 무승부를 기록하여 인간의 승리로 끝이 났다.

다음 해인 1997년에 업그레이된 딥블루와 카스파로프가 재경기를 치렀다. 여섯 번의 게임 중에서 첫 게임에서는 카스파로프가, 두 번째 게임에서는 딥블루가 이겼다. 이어지는 세 번의 게임에서는 무승부가 났고, 마지막 여섯 번째 게임에서는 딥블루가 이겼다. 기계가 최고 지능의 인간을 이긴 충격적인 사건이었다.

그림 5-6 카스파로프와 딥블루의 체스 대결, 스미소니언 박물관에 전시된 딥블루(오른쪽 아래)

왜 체스인가 : 지능의 계산 복잡도?

체스는 인간의 직관과 고차원의 지능이 사용되는 게임으로 알려져 있다. 딥블루의 도전은 엄청나게 빠른 컴퓨터의 도움을 받은 단순 반복 계산 알고리즘 모델이 인간의 지능을 흉내 낼 수 있는지 혹은 능가할 수 있는지 비교해보는 데 의의가 있었다.

앞서 트리 구조의 탐색을 공부할 때 게임 트리의 복잡도에 대해 살펴보았는데, 체스라는 게임의 복잡도는 대략 다음과 같이 추측해볼 수 있다. 보드는 8×8 크기다. 양 선수에게는 각각 16개의 말이 있다. 각 말이 움직이는 위치는 여러 가지가 될 수 있다. 따라서 매 순서마다 선택할 수 있는 말의 위치는 대략 20가지라 가정하고, 승부가 결정 날 때까지 100번의 순서가 진행된다고 하면 게임 트리의 전체 크기는 대략 $20^{100} \approx 10^{130}$이 된다.

쉽게 가늠할 수 있도록, 동일한 조건 아래 12수 앞을 모두 계산한 후에 지금 말을 어디에 놓을지를 결정한다고 해보자. 그러면 $20^{12} \approx 10^{15}$이 된다. 이것이 얼마나 큰 수인가 하면, 1초에 1억 개의 수를 계산할 수 있는 슈퍼컴퓨터를 사용한다고 할 때, 10^{15}/1억/60초/60분/24시간=115일이 걸린다. 하물며 10^{130}을 계산한다는 것은 거의 불가능하다.

딥블루는 이 계산 복잡도의 문제를 해결하기 위하여 30개의 CPU를 병렬 구조로 만들고 특별히 만든 480개의 VLSI 체스 연산 장치를 붙여, 초당 2억 개의 위치에 대해 계산하도록 하였다. 상황에 따라 다르지만 6~8수에서 많게는 20수 앞까지 내다볼 수 있도록 설계되었다고 한다. 그리고 70만 건 이상의 체스 경기 데이터베이스에 기반하여 각 상태에 대한 평가 함수를 만들었다고 한다.

이 시기까지 적용된 주된 전략은 주로 휴리스틱 탐색에 속한다. 즉, 거대한 크기의 게임 트리에 대하여 알고리즘적으로 탐색 공간을 크게 줄여서 정해진 시간 안에 더 많은 수를 읽고 계산하게 하여, 단순 반복 계산의 빠른 힘으로 인간의 지능을 넘어보려 한 것이다. 물론 그 알고리즘에는 휴리스틱, 즉 체스 전문가들의 상황에 대한 전략을 알고리즘적으로 녹여 넣은 부분이 있다. 그러한 이유로 이 전략은 '지식 기반'에 속하게 된다.

1999년 : 카스파로프 vs 세계

1990년대 인터넷의 등장과 대중화는 우리 사회의 많은 부분을 바꾸었다. 다음의 게임도 그것을 바탕으로 한 컴퓨팅의 새로운 형태와 가능성을 보여주었다. 1999년 MSNMicrosoft Network 주관으로 열린 이 게임에서 카스파로프의 상대는 75개국에서 인터넷으로 연결된 5만 명 이상의 참가자들이었다. 카스파로프와 세계팀은 번갈아가면서 한 수를 놓는 데 각각 24시간이 주어진다. 즉, 카스파로프가 수를 놓으면, 그다음 24시간 동안 5만 명의 참가자들은 게시판에서 토론하여 수를 놓는다. 토론에서는 MSN에서 선발한 네 명의 젊은 조정자가 모든 분석 데이터와 의견, 코멘트 등을 제공하였다. 그러고나서 5만 명의 최다 투표로 세계팀이 수 놓을 자리를 결정한다. 카스파로프는 그다음 24시간 동안 또 한 수를 놓도록 되어 있었다.

넉 달이나 걸린 이 경기에서 62수 만에 카스파로프가 승리했다. 하지만 그는 인터뷰에서 자신이 해온 게임 중 가장 힘든 게임이었다고 말했다. 그리고 이 게임에서 나온 새로운 시도, 새로운 전략, 난이도 등은 역사에 기록될 것이라고 하였다. 이 게임은 인터넷을 통한 협업 형태의 컴퓨팅으로, 집단 지성이라는 놀라운 힘을 보여주었다. 인류 공동의 문제를 해결할 새로운 가능성을 보여준 멋진 게임이었다고 평가된다.

1998년, 2005년 : 프리스타일 켄타우로스 체스 게임

그리스 신화에 나오는 켄타우로스는 반인반마의 모습이다. 말의 빠른 다리와 인간의 머리, 도구를 사용하는 손의 합체라 할 수 있다. 카스파로프는 1998년에 켄타우로스 체스라는 놀라운 게임 방식을 제안했다. 이 체스 게임은 인간과 컴퓨터가 '경쟁' 대신 '협업'을 하면 어떨까 하는 아이디어에서 출발했다. 수조 개의 수를 순식간에 계산해내는 컴퓨터의 능력, 인간의 직관과 안목을 비롯해 상대를 읽는 능력이 합쳐져 켄타우로스Centaur 체스가 등장한 것이다.

그림 5-7 반인반마의 모습을 한 켄타우로스(출처 : https://kanko-takarazuka.jp/korean/art100)

카스파로프는 또 다른 체스 대가인 토파로프Topalov를 상대로 하여 인간-컴퓨터 협업 팀 간의 공개 게임을 진행했다. 양 팀은 각각 체스 소프트웨어와 수만 건의 체스 경기 기록을 가진 데이터베이스를 사용하여 60초 안에 한 수를 둔다. 즉, 경기를 두는 사람이 컴퓨터를 사용하여 결정을 내릴 수 있도록 한 것이다. 이때 최종 판단과 결정은 사람이 내리게 했다. 게임을 마친 후 카스파로프는 자신의 기억력에 대한 부담 없이 게임에만 집중할 수 있었다며 컴퓨터(소프트웨어와 데이터베이스)를 얼마나 잘 이해하여 사용하는지가 중요했다고 말했다. 이 게임을 하기 한 달 전에도 두 사람은 전통적인 체스 대결(인간 대 인간의 대결)을 벌였다. 이때는 카스파로프가 4 대 0으로 이겼지만, 켄타우로스 경기에서는 3 대 3 무승부로 끝났다.

그림 5-8 켄타우로스 체스 대결(출처 : https://www.controlaltachieve.com/2018/03/bionic-educator.html)

2005년에 열린 프리스타일 체스 게임에서 각 참가 팀은 규모와 관계없이 인간-컴퓨터의 조합으로 구성될 수 있었다. 많은 팀에서 체스의 대가들로 한 팀을 구성했는데 뜻밖에도 최종 우승 팀에는 체스 대가가 없었다. 최종 우승 팀은 영국인 아마추어 선수 2명과 컴퓨터로 이루어진 팀이었다.

어떻게 아마추어 팀이 대가들을 물리칠 수 있었을까? 그들은 3대의 일반 컴퓨터에 5개의 서로 다른 소프트웨어를 사용하여 매우 빠르고 능숙한 솜씨로 컴퓨터가 내놓은 결과를 검토하고 데이터베이스와 비교했다. 때로는 상대를 교란하기 위해 엉뚱한 수를 놓는 직관을 사용하기도 했다. 더 놀라운 것은 이들 팀이 슈퍼컴퓨터와 대결할 때도 완벽하게 이겼다는 것이다. 그 프리스타일 게임에는 당시 딥블루보다 더 빠르고 강력한 체스 슈퍼컴퓨터로 알려진 히드라Hydra가 참여했는데, 히드라는 세계 랭킹 7위의 체스 대가도 꺾은 상태였다. 하지만 이들 영국 아마추어 팀은 저렴한 PC와 60달러를 주고 산 소프트웨어에 자신들의 작은 재능을 더해 최종 우승을 거두었다.

그림 5-9 2005년에 개최된 프리스타일 체스 게임(출처 : https://www.deepcoredata.com)

우리 주변에는 손쉽게 쓸 수 있는 다양한 도구들이 있다. 우리의 생각과 마음은 이런 도구들과 동전의 양면처럼 붙어 있다. 검색 엔진을 통해 지식에 접근하고, 트위터를 통해 친구들의 현재 상태를 확인하고, 온라인에서 자연스럽게 협업이 진행된다. 어쩌면 우리는 카스파로프가 말한 켄타우로스가 되어가고 있는지도 모른다. 이러한 변화는 이미 우리가 배우고 기억하고 행동하는 모든 것에 영향을 미치고 있다.

카스파로프는 [약한 인간]+[컴퓨터]+[훌륭한 협업 체계]의 조합은 [강한 슈퍼컴퓨터]보다, [탁월한 인간]+[컴퓨터]+[낮은 수준의 협업 체계]보다 훨씬 뛰어나다고 말했다. 켄타로우스 컴퓨팅은 집단 지성 컴퓨팅에 이어서 새로운 컴퓨팅의 형태와 잠재성을 보여주는 것이었다.

2016년 : 바둑에서 알파고가 이세돌을 이기다

사실, 오래 전부터 많은 사람들이 체스 게임에서 컴퓨터가 인간을 이기게 될 날이 올 것이라고 예상했었다. 컴퓨터는 빠른 단순 반복 계산 능력을 발휘해 가능한 많은 수를 내다보고 가장 좋은 위치를 선택하는데, 기계가 '생각thinking'하는 방식은 인간이 생각하는 방식과 전혀 다르다.

딥블루는 1997년에 체스의 전설인 카스파로프를 이겼다. 하지만 체스보다 복잡도가 훨씬 높은 게임인 바둑(Go)에서는 여전히 인간의 벽을 넘기 힘들었다. 그로부터 약 20년이 흐른 후, 서울에서 구글의 딥마인드 팀이 만든 바둑 소프트웨어 '알파고'가 당대 최고의 바둑 마스터인 이세돌 9단과 맞붙었다. 다섯 번의 경기에서 알파고는 이세돌을 4 대 1로 이겼다. 여기서 우리는 두 가지 생각을 할 수 있다. 바둑에서 컴퓨터가 사람을 이기는 데 20년이나 더 걸린 이유는 무엇인가? 그리고 어떤 방법을 사용했기에 그 한계를 극복할 수 있었는가?

앞서 언급했듯이 바둑의 복잡도는 체스의 복잡도와는 차원을 달리한다. 바둑판은 $19\times19=361$칸으로 되어 있다. 따라서 가능한 모든 상태는 $3^{361}=10^{170}$가지가 되며, 게임 트리의 크기(즉, 가능한 경로의 수)는 이론적으로 361!이 된다. 그러나 일반적으로 착수 지점이 평균 250개 정도라 하고, 주고받는 횟수인 경기의 길이가 150이라 하면 $250^{150}=10^{360}$이 된다. 우주에 존재하는 원자의 수가 10^{80} 정도라고 하니까 바둑의 복잡도가 얼마나 높은지 대강 짐작은 할 수 있을 것이다. 아무리 빠른 슈퍼컴퓨터가 나와도 단순 반복 알고리즘으로는 거의 계산하기 불가능한 상황이다. 또한 체스와 경기 방식이 달라 상황에 따라 승리에 대한 휴리스틱 평가 함수를 정하는 것 또한 아주 어려운 문제였다.

알파고는 이러한 문제들을 해결하여 승리를 거두었다. 지난 20년간 진행되어 온 데이터 기반 전략인 기계 학습과 이에 기반한 딥 러닝, GPU의 괄목할 만한 발전이 알파고의 승리를 가져온 가장 큰 요인이라 할 수 있다. 최근 인공 지능 분야가 크게 성장하고 있는데, 이는 수집된 많은 양의 데이터들로부터 지능적인 모델과 패턴을 찾아서 활용하는 것, 즉 기계 학습Machine Learning 분야의 발전에 기인한다. 알파고가 이세돌 9단에게 승리를 거두면서 이제 지능 분야의 컴퓨팅 모델은 현실이 되었다.

그림 5-10 2016년, 기계 학습으로 무장한 알파고가 바둑의 대가 이세돌을 이겼다.

02 인공 지능의 문제

인공 지능이라고 해서 지금까지 없었던 전혀 새로운 것이 아니다. 기본적으로 알고리즘의 연장선상 위에 존재한다고 볼 수 있다. 조금 더 포괄적으로 이야기하면 18세기부터 시작된 자동화 기계 연구의 연장선상 위에 있다고 볼 수 있다. 즉, 인간의 신체 동작을 자동화하기 시작하면서 인간의 인지적 행위를 모방한 자동화 기계로 관심이 확장되는데, 그 인지적 행위도 가장 간단한 단순 반복 계산에서 시작하여 점점 영역을 넓혀갔다. 이제는 지능적인 행위를 비롯해 이전에는 불가능했던 대규모의 협업 행위까지 자동화의 범위를 확장시켜 나가고 있다. 여기서는 그러한 노력들이 구체적으로 어떻게 진행되어 왔는지 기술적인 관점에서 살펴보도록 하자.

17~18세기에 유럽에서 유행한 오토마타 인형은 스스로 동작하는 기계였다. 주로 태엽과 톱니바퀴와 벨트 등을 이용하여 인간의 특정 동작을 흉내 냈다. 18세기에는 증기기관이 발명되면서 오토마타에 담긴 아이디어가 산업 분야에서 활용되기 시작했으며, 오토마타 인형 자체도 훨씬 더 정교해져 그림 그리는 동작을 하는 수준까지 발전했다. 1800년 전후에 등장한 체스 두는 기계 더 투르크는 오토마타 인형의 놀라운 발전을 보여준다.

인간의 인지적 행위를 기계적인 모습으로 구현하기 시작한 것은 1900년대 초에 이르러서다. 오토마타, 즉 자동 인형에 담긴 아이디어는 여러 분야에서 다양한 시도로 이어지게 되는데 그중 하나가 '인간의 사고 과정human thought process'을 이론적 또는 실체적으로 구현해내고자 한 시도다. 이것은 유한 상태 기계FSM: Finate State Machine 혹은 Automata로 표현되어 컴퓨터 프로그램의 수학적 이론 모델로 사용되고 있다. 앨런 튜링Alan Turing이 1936년에 발표한 '튜링 머신' 개념도 이 오토마타의 일종이다. 튜링 머신은 가장 정교하고 강력한 오토마타라고 할 수 있으며, 이 개념을 기반으로 현대 디지털 컴퓨터의 역사가 시작되었다.

계산 기계 혹은 컴퓨팅 기계의 시작은 수치 데이터의 단순 반복 계산 작업이라고 할 수 있다. 즉, 수학과 과학 분야에서 요구되는 반복적인 계산 작업을 인간이 수작업으로 하면 지루하고 느리고 실수도 많이 생기므로 기계에 맡긴 것이다. 이 컴퓨팅 기계가 발전하고 인터넷이 대중화되면서, 컴퓨팅은 이제 수치 정보뿐 아니라 인간이 사용하는 대부분의 정보 형태를 직접 다루게 되었다. 단순 반복에서 벗어나 복잡한 문제 해결과 의사 결정 도구로, 대규모 협업 문제를 해결하는 도구로 사용되고 있다. 그리고 이제는 인간의 지능적 행위까지도 자동화된 모델로 만들 수 있다고 여겨지는 시대가 되었다.

인간의 지능적인 행위를 자동화 기계로 만들려고 노력하는 분야가 인공 지능이다. 1956년에 다트머스 학회에서 인공 지능이라는 용어가 처음 만들어졌고, 수학의 논리적 증명 과정을 자동으로 하는Theorem Proving 모델과 문제 해결Problem Solving 전략에 대한 연구들이 시작되었다. 지능을 다양한 관점으로 볼 수 있는데, 인공 지능 분야에서는 일반적으로 다음 분야를 다루고 있다.

문제 해결

문제 해결Problem Solving은 시작점에서 목적지까지 가는 가장 효율적인 경로를 찾는 것이다. 예를 들면, 오목이나 체스, 수도쿠 같은 게임이 여기에 해당한다. 로봇 팔이 주어진 작업을 해서 완성하는 것, 항공기나 자동차 내비게이션의 실시간 경로 찾기도 여기에 해당한다. 트리 구조의 휴리스틱 탐색 방법이 주로 사용된다.

추론

추론Reasoning은 인간의 논리적 추론 과정을 컴퓨팅 모델로 시뮬레이션하는 것이다. 따라서 언어, 지식, 개념 등이 명제나 술어, 규칙 같은 기호(심볼)의 형태로 사용된다. 이 때문에 이 분야를 기호적 인공 지능symbolic AI이라 부르기도 한다. 즉, 인간의 지식을 기호 형태로 표현하고 그 기호들을 논리적 엔진에 넣어서 인간의 논리적 추론 과정을 흉내 내도록 하였다. 전문가 시스템이 여기에 해당한다.

학습

학습Learning은 데이터에서 일정한 패턴 및 모델을 찾아내어 사용하게 하는 분야다. 기계 학습machine Learning도 여기에 속한다. 데이터에 기반하여 분류, 군집, 연관, 예측 같은 지능적 행위를 하는 모델을 만들어낸다. 딥 러닝deep learning도 기계 학습에 속한다.

인식

인식Recognition은 사물을 분별하고 판단하는 것이다. 인간의 지능적인 행위 중 대표적인 것이 눈, 귀, 코를 통하여 어떤 정보와 의미를 인식하는 것이다. 시각적으로 대상을 인식하고, 들리는 소리의 의미를 인식한다. 이 분야는 인공 시각, 컴퓨터 비전, 음성 인식 등의 분야로 나뉘며, 최근에는 딥 러닝 방법으로 큰 발전을 이루고 있다.

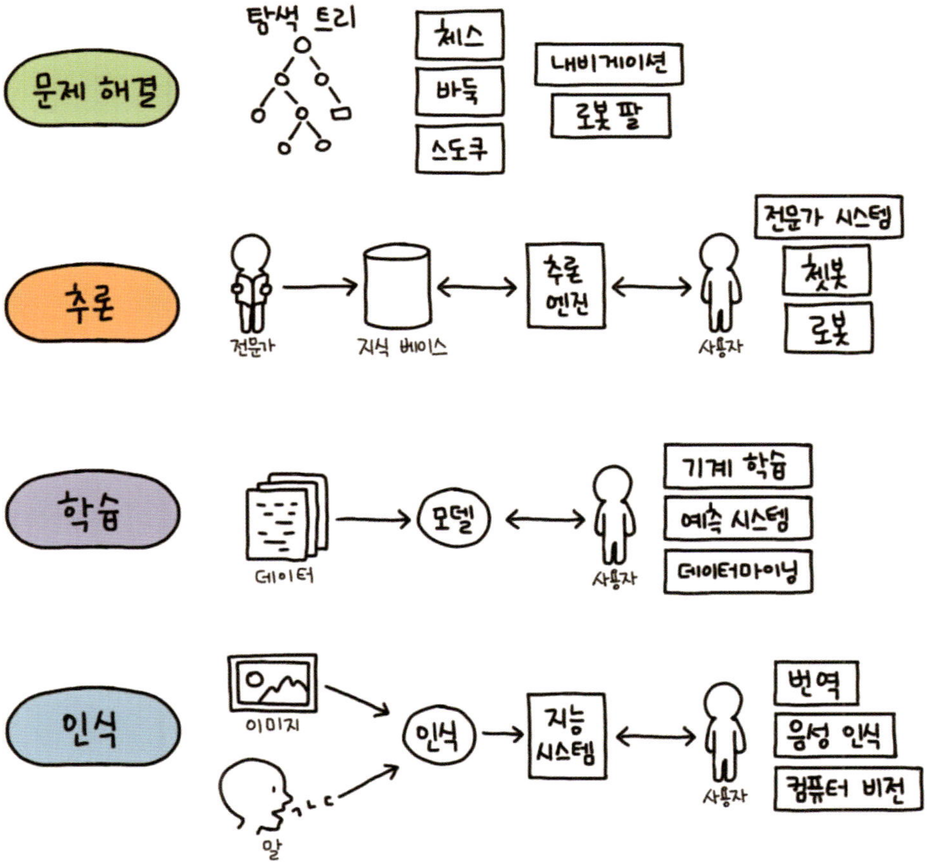

그림 5-11 인공 지능의 문제들

03 문제 해결 전략과 휴리스틱 탐색 방법

체스 같은 보드 게임은 오랜 세월 동안 인간이 잘하는 지능적 행위로 여겨져 왔다. 초기 인공 지능 연구자들은 이와 같은 장난감 문제toy problem들을 대상으로 연구하면서, 그 과정에서 인간의 지능을 흉내 내는 모델을 만들 수 있을 것이라고 생각했다. 연구자들은 첫 시도로 체스라는 게임 자체를 '탐색' 문제로 보고 접근했다. 탐색 가능한 구조, 즉 트리 구조를 만들고, 시작점에서 이기는 상태까지의 경로를 찾는 문제로 생각하면 해결할 수 있다. 하지만 이것은 순회 외판원 문제처럼 경우의 수가 워낙 많아서, 아무리 간단한 문제라 해도 답을 구하기 힘든 경우가 많다. 물론 단순 반복 컴퓨팅 모델을 사용하면 언젠가는 답이 나오겠지만, 우리가 인내할 정도의 시간 안에 해결하기에는 불가능한 문제라고 할 수 있다.

탐색에 걸리는 시간이 인내의 범위를 벗어나자, 탐색 시간을 줄이는 방향으로 연구가 진행되었다. 그 방법 중 하나가 휴리스틱 탐색이다. 이 방법은 문제를 해결하기 위해 인간이 알고 있는 경험적인 지식을 사용하는 것이다. [그림 5-12]의 틱택토 문제를 표현한 상태 공간을 살펴보자.

시작점에서 우리는 제일 가운데에 돌을 놓는 것이 유리하다는 것을 '알기' 때문에 그렇게 돌을 놓을 것이다. 휴리스틱 탐색은 이렇게 우리가 '알고' 있는 것을 함수로 만들어서 탐색 순서에 우선권을 주어, 더 빠르게 탐색을 하게 하려는 것이다. 그 함수를 휴리스틱 함수라고 한다. 그림에서는 어떠한 상태에서 자신의 돌이 있는 위치를 포함하여 이길 수 있는 선의 개수를 계산하는 예를 보여주고 있다. 첫 번째 수에서는 제일 높은 값인 f=4인 곳에 두는 것이 유리하고, 두 번째 내 차례에서도 f=5인 곳에 두는 것이 유리할 것이다. 이렇게 하면 매우 빨리 탐색할 수 있다.

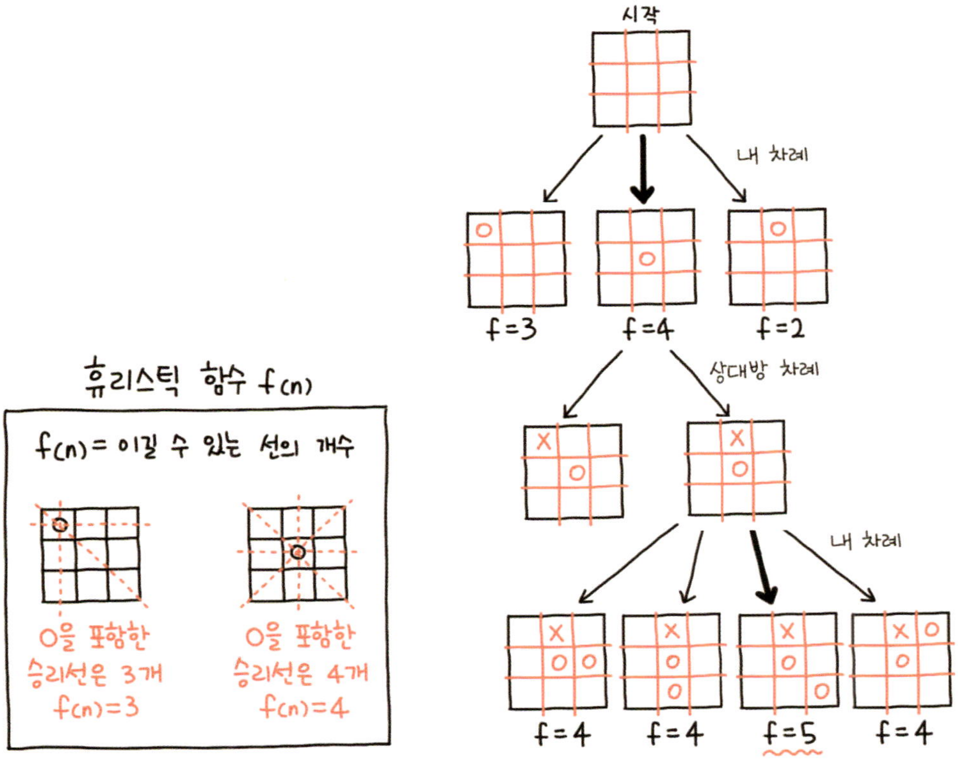

그림 5-12 틱택토 게임의 탐색 트리와 휴리스틱 함수의 예

[그림 5-13]에서 보여주고 있는 것처럼 휴리스틱 함수를 이용하면 탐색 공간을 줄여 빠르고 효율적으로 탐색을 진행할 수 있다.

하지만 휴리스틱을 구하기 힘든 경우도 있고 틀리게 정의할 가능성도 있어서 이 방법으로 항상 정답을 찾는다고 보장하지 못할 수도 있다. 또한 기본적인 탐색보다는 시간이 적게 걸리지만, 문제의 복잡도가 커지면 어차피 탐색에 걸리는 시간은 인내의 한계를 벗어나게 된다. 이런 문제를 조금이라도 더 줄여보려고 슈퍼컴퓨터 같은 빠른 컴퓨터를 계속 개발해 왔다.

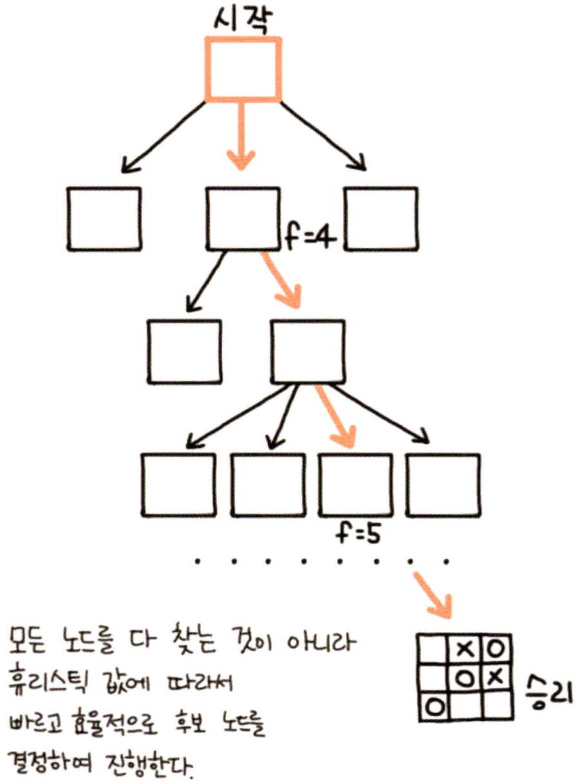

그림 5-13 휴리스틱 값을 이용한 탐색은 매우 효율적이 될 수 있다

04 지식과 추론 기반 시스템

인간의 지식을 프로그램에 집어넣어 사용하는 것은 인공 지능 분야의 또 다른 큰 축을 이루고 있다. 지식(규칙) 기반 시스템이 여기에 해당한다. 인간의 지식을 논리적인 규칙의 형태로 만들어 모아놓고, 그 논리적인 규칙을 사용하여 논리적 추론 엔진에서 어떤 문제를 '자동'으로 해결하는 시스템을 구현하려 한 것이다.

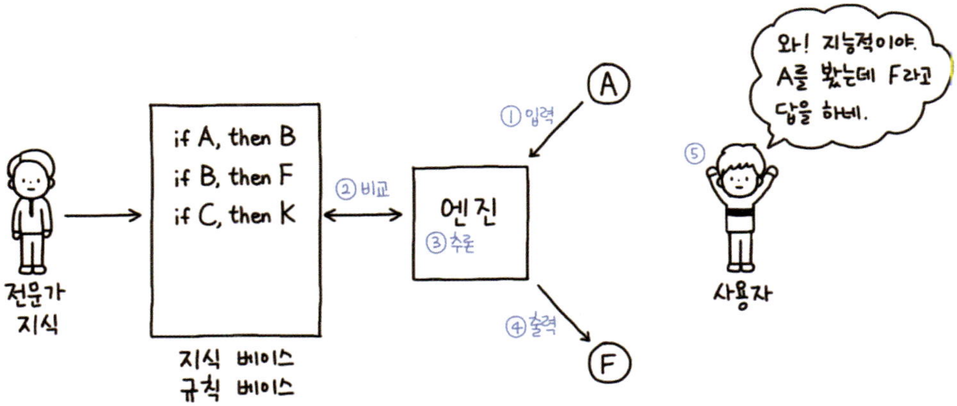

그림 5-14 지식 기반 지능형 시스템의 개요

예를 들어, 다음과 같은 2개의 지식을 이미 알고 있어 이 지식을 사용한다고 해보자.

- 만약 A라면 B
- 만약 B라면 F

지식 기반 시스템에서 가장 기본적인 지식은 규칙$_{rule}$을 사용한다는 것인데, 그 규칙의 형태는 '만약 A라면 B' 혹은 'if A, then B'다. 이 형태는 A→B 논리로 표현될 수 있는데, 그러면 논리식을 사용하여 새로운 사실을 추론해낼 수 있다. 즉, 앞의 예는 A→B라는 규칙과 B→F라는 규칙이 있으므로, 논리식에 의해 A→F를 추론해낼 수 있다.

지식(규칙) 기반 시스템에서는 이러한 규칙을 미리 가지고 있다가 A라는 것이 입력으로 들어오면 F를 출력으로 낸다. 인간 전문가들의 지식을 규칙의 형태로 변환하여 지식 베이스에 넣어두고 논리적 추론 엔진을 사용하면 인간의 논리적 추론 과정을 컴퓨팅하여 전문가의 의사 결정 혹은 판단 능력을 흉내 낼 수 있게 된다. 지식 베이스가 충분히 잘 만들어져 있다면 인간 전문가 없이도 이 시스템은 전문가의 지능적 행위를 흉내 낼 수 있다.

문제는 '인간의 암묵적 지식들을 어떻게 모두 명시적인 규칙 형태로 표현하여 저장하는가'에 있으며, 이러한 지식 획득 문제knowledge acquisition problem는 결국 데이터 기반의 기계 학습으로 관심을 돌리게 하였다고 볼 수 있다.

1964년에 개발된 엘리자 대화 시스템

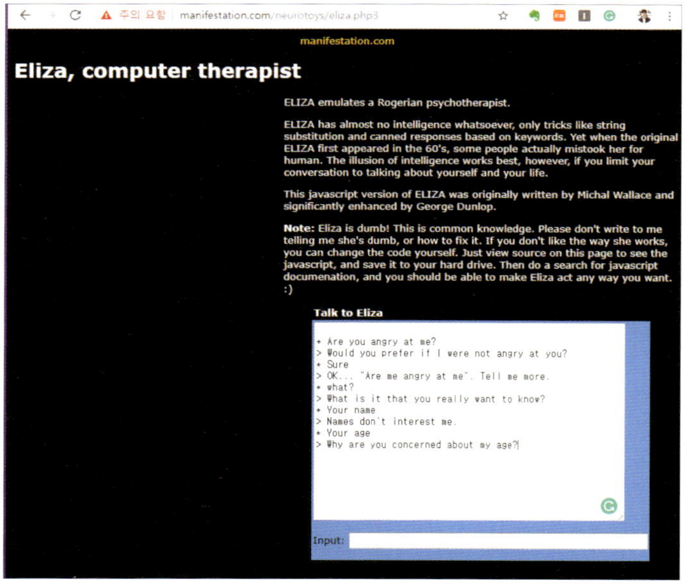

그림 5-15 엘리자와 대화하기

전문가의 지식은 아니지만, 간단한 규칙에 따라 인간과 대화하는 형태를 흉내 낼 수도 있음을 보여준 시스템이 1964년에 소개되었다. 엘리자Eliza라는 대상과 인간이 한 문장씩 주고받는 간단한 대화 흉내 시스템인데 대화를 흉내 내고는 있지만, 다음과 같은 간단한 대화 규칙을 임의로 사용한다.

- XXX라고 입력하면 "왜 XXX라고 말하니?", "XXX는 관심 없어. 그거 재미있니?", "XXX에 대해 좀 더 이야기해줘" 혹은 "내가 XXX이면 더 좋겠니?" 등의 문장으로 대답을 보여준다.

이러한 방식으로 대화를 하고 있는 것처럼 착각하게 하지만 실제 지식을 사용하여 맥락적으로 대화를 하는 것은 아니다. 우리가 스마트폰에서 사용하고 있는 시리Siri나 빅스비Bixby 같은 대화 시스템도 이러한 원리에서 발전해온 것이다.

이와 비슷한 원리를 사용한 흉내 시스템으로 논문과 보고서를 자동으로 써주는 프로그램이 있다. 이 또한 논문이나 보고서의 구조적 형태를 그대로 사용하여 대강의 내용을 집어넣은 것에 불과하며, 실제적인 내용을 표현하거나 제시하는 것은 아니다. 하지만 최근에 활용되고 있는 로봇 기자의 경우, 야구 등의 스포츠 경기 결과나 주식 가격 같은 간단한 사실 정보를 간단한 문장 규칙을 사용하여 기사 형태로 만들어서 게재하고 있으며, 그 영역은 점점 더 증가할 것으로 보인다.

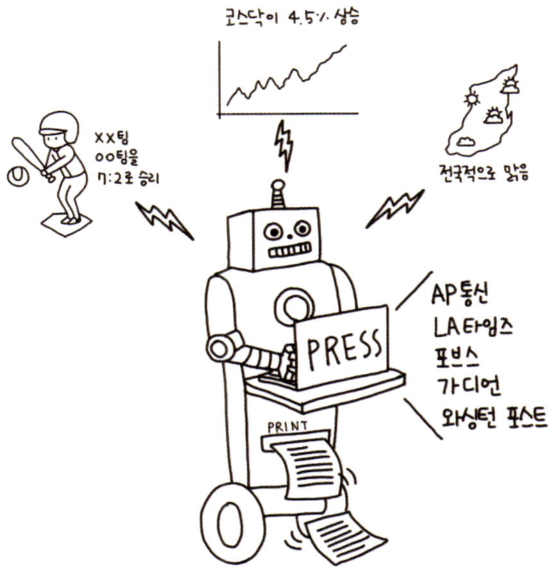

그림 5-16 로봇 기자는 사실 정보를 기사 형식에 맞추어 보여준다.

1970년대 초 스탠포드 대학교의 마이신

지식 기반 전문가 시스템으로 아마도 가장 많이 알려진 것은 약 40년 전에 만들어진 마이신MYCIN이라는 시스템이다. 이 시스템은 감염증 전문 의사 대신 전염성 혈액 질환이 있는 환자를 진단하고 항생제를 처방하도록 설계되었다. 약 450~500개 정도의 전문가 규칙을 미리 시스템에 넣어서, 추론 엔진의 질문에 환자가 대답해나가면 환자가 감염되었을 것으로 예상되는 세균을 특정하고 거기에 맞는 항생제를 처방한다.

다음은 마이신에서 사용된 규칙의 예를 보여준다.

```
IF  1) The site of the culture is blood, AND
    2) Theg grams stain of the organism is gramneg, AND
    3) The morphologoy of the organism is rod, AND
    4) The portal of entry of the organism is urine, AND
    5) The patient has not had a genito-urinary manipulative procedure, AND
    6) Cystitis is not a problem for which the patient has been treated
THEN There is suggestive evidenc(.6) that the identity of the organismis e.coli.
```

그림 5-17 1972년 의료 전문가 시스템인 마이신에서 사용된 규칙의 예(출처 : Rule-Based Expert Systems: The MYCIN Experiments)

마이신은 성능적으로 약 69%의 진단 정확도를 보인다. 이는 일반의보다는 낫지만 세균 감염 전문의보다는 떨어지는 정확도였다.

그 외에도 생산, 회계, 인사, 금융 분야에서 전문가 시스템이 만들어져 사용되고 있지만, 이러한 지식 기반 시스템은 몇몇 특정 도메인 영역에서 제한적으로 사용되고 있다. 지식 기반 시스템을 보편적으로 사용하기에는 아직 문제점이 많다. 전문가의 지식으로만 논리적으로 잘 정리하여 관리한다고 해도, 전문가마다 다르게 생각할 수도 있고, 틀리거나 빠지거나 모순된 것이 있을 수도 있다. 또한 어떤 분야에는 전문가가 아예 없을 수도 있고 지식으로 표현할 수 없는 것도 있다.

05 데이터와 학습 기반 방법

휴리스틱 탐색이나 지식 기반 시스템은 특정 도메인 영역에서는 일부 유용하게 사용될 수 있다. 그러나 앞서 언급한 것처럼 휴리스틱이나 논리적 규칙이 쉽게 만들어질 수 있는 것은 아니다. 이에 대한 대안으로 '데이터'를 사용하여 지능적인 행위를 흉내 내는 시스템이 만들어졌다. 이처럼 데이터를 기반으로 한 방법을 일반적으로 기계 학습machine learning 방법이라고 한다.

기계 학습에서는 기본적으로 내가 지금 예측하려는 것에 대한 답이 과거 데이터에 녹아들어 있다고 가정한다. 예를 들어, A라는 사람이 어떤 영화를 볼지 예측하려면 A와 비슷한 성향이 있는 다른 사람들이 본 영화 데이터를 분석하면 된다는 것이다. 과거 데이터에서 예측 모델을 만들어내는 과정을 기계 학습 알고리즘이라고 말할 수 있는데, 이것은 인간의 지능 중에서 '학습'을 흉내 낸 것이다. 인간은 의사 결정, 판단 혹은 예측을 할 때 자신의 과거 경험을 사용하기 때문이다. 기계 학습은 수많은 사람들의 과거 경험을 공유하여 사용한다.

1980년대 말에 미국의 한 신용카드 회사에서 사용한 전문가 시스템의 예를 통해 기계 학습에 대해 좀 더 살펴보자.

신용카드 회사에서 고객이 신청한 신용 대출의 한도를 결정하는 일은 지능적인 의사 결정이 필요한 일이다. 어떤 사람에게는 5백만 원 한도, 어떤 사람에게는 2천만 원이나 7천만 원 한도를 정해줄 수 있다. 그 기준을 결정하려면 매우 전문적인 지식과 경험이 필요하다. 따라서 해당 분야 전문가들이 신청 고객의 나이, 연봉, 취미, 지역, 직장, 학력, 재산 상태 등 수많은 정보를 감안하여 대출 한도 기준을 결정한다.

이 회사는 대출 신청자가 급증하자 전문가 시스템을 도입하기로 했다. 전문가가 부족해 대출 처리 시간이 너무 길어졌기 때문이다. 회사는 사람 전문가가 사용하고 있는 의사 결정 규칙을 다 끄집어내어 논리적인 규칙으로 만들고, 이 규칙을 바탕으로 사람 전문가처럼 의사 결정을 내리는 시스템을 만들어 사용했다. 그 규칙에 따라 신청자의 정보를 입력하면 시스템은 대출 한도를 자동으로 결정해준다.

그림 5-18 신용 대출 액수를 결정하는 전문가

사실 전문가들이 사용하는 직관적이고 암묵적인 지식을 명시적인 형태의 논리 규칙으로 만들기는 쉽지 않다. 이 때문에 시스템이 사람만큼 좋은 성능을 내기도 쉽지 않다. 또한 일단 만들어진 규칙 베이스를 상황 변화나 특정한 맥락에 따라 바꾸는 것도 쉬운 일이 아니다.

이런 경우, 데이터 기반 방법을 사용해볼 수 있다. 우선 지난 10년간 그 회사에서 진행된 대출 데이터를 모두 모은다. 성공적인 대출 사례도 있고 실패한 대출 사례도 있을 것이다. 그 수많은 데이터에서 성공적인 결정에 영향을 주는 기준을 찾아 예측 모델을 만들 수 있고 이 예측 모델을 대출 한도 결정 시스템에 적용하면 된다. 새로운 데이터가 축적될수록 그것이 반영된 예측 모델도 계속 업그레이드되어 간다.

사실 사람 전문가도 그가 경험한 성공과 실패 사례들을 바탕으로 그만의 암묵적인 규칙과 알고리즘을 만들어 사용하는 것이라 볼 수 있다. 그 경험 사례들을 데이터로 만들어(사람이 경험하는 것보다도 훨씬 많은 데이터 확보가 가능함) 기계 학습 알고리즘을 이용해 일반화된 예측 모델을 만들어 사용한다면, 더 좋은 예측 성능을 구현할 가능성이 커진다.

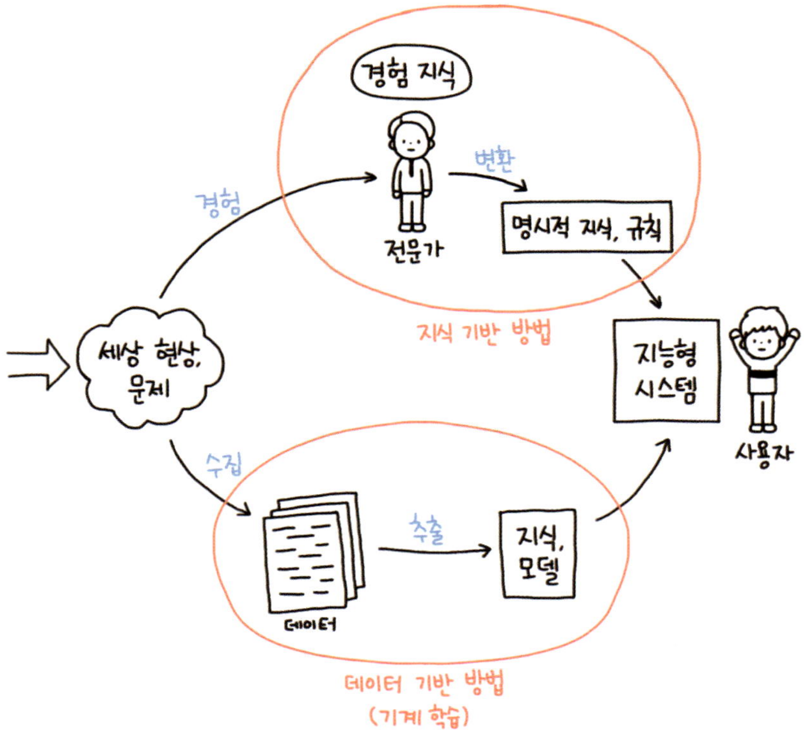

그림 5-19 지식 기반 방법과 데이터 기반 방법의 비교

다시 정리하면, 지능형 시스템은 [그림 5-19]와 같이 지식 기반 방법과 데이터 기반 방법으로 구분할 수 있다. 물론 두 가지를 모두 사용한 하이브리드 방법도 사용된다.

데이터를 사용하는 방법, 즉 데이터로부터 어떠한 패턴을 만들어내는 것을 기계 학습이라 한다. 기계 학습은 이 과정에서 보통 일반화generalization 방법을 사용하는데 이 일반화 방법을 비유를 통해 설명해보겠다.

성인은 뾰족한 물건의 끝을 만지면 아프다는 것을 안다. 어떻게 알게 되었을까? 생전 처음 보는 물건인데도 뾰족한 끝을 만지면 아플 거라고 예상하여 그에 따른 행동을 하는 이유는 무엇일까?

먼저 지식 기반 방법으로 설명해보자. 엄마는 아기가 뾰족한 물건을 만지려고 하면 "그거 만지면 아프니까 만지지 마!"라고 한다. 아기는 이 지식을 전달받으며 자라 성인이 된 지금도 그 지식을 사용하여 의사 결정을 하는 것이라 볼 수 있다. 누군가 '지식'과 '규칙'을 주면 그것을 그대로 사용하는 것이다.

이번에는 데이터 기반 방법으로 설명해보자. 아기에게 아무도 뾰족한 물건의 끝을 만지면 아프다고 이야기해준 적이 없지만 아기 스스로 경험을 통해 알게 되는 것이다. 아기는 바닥에 있는 가위를 만지거나 송곳을 만지다가 아팠던 경험, 잘 깎은 연필을 만지다가 아팠던 경험을 반복해서 하게 된다. 이런 경험이 쌓이면 어느 날 문득, 아팠던 경험들의 공통점이 생각난다. '뾰족한 모양을 만지면 아픈 것 같아'라는 가설을 세우게 되고, 그것을 검증하면서 '뾰족한 모양을 만지면 아프다'라는 일반화된 지식이 습득된다.

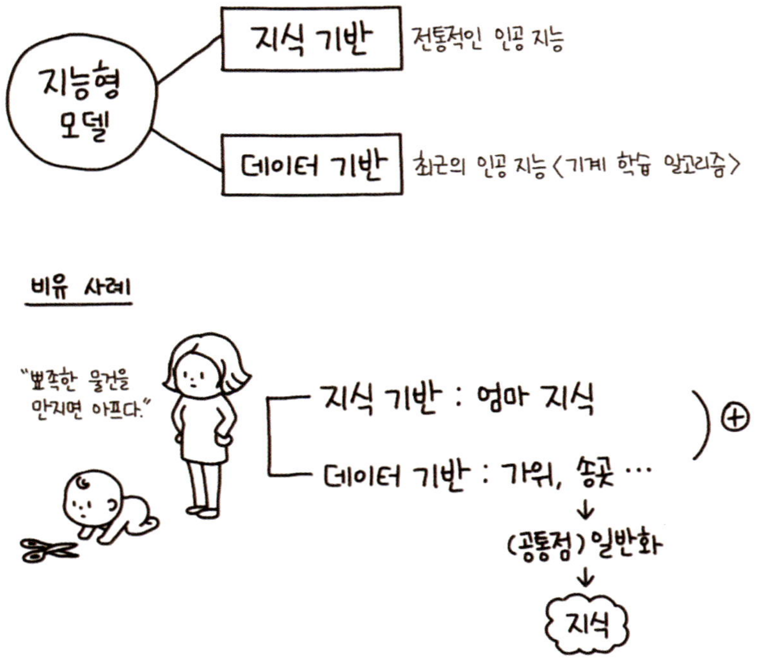

그림 5-20 지식 기반 방법과 데이터 기반 방법의 예

기계 학습은 데이터에 대한 일반화 과정을 통해 그 속에 담긴 패턴, 경험 지식을 습득하는 것이다. 다음의 예를 보도록 하자.

10년간 고객 데이터를 축적한 통신 회사가 있다고 가정해보자. 통신사의 가장 큰 고민은 자사 고객이 경쟁 통신사로 옮겨가 그쪽 고객이 되는 것이다. 그래서 고객이 왜 다른 회사로 옮겨 가는지를 알 수 있다면, 그리고 어느 특정 고객이 다른 회사로 옮겨 갈 것인지를 사전에 예측할 수만 있다면 고객을 매우 효율적으로 관리할 수 있을 것이다.

경쟁사로 옮겨 간 고객과 그렇지 않은 고객으로 태깅된 데이터를 일반화시키면, 어떤 속성을 지닌 사람이 '곧' 경쟁사로 옮겨갈 것인지에 대한 예측 모델을 만들어낼 수 있고, 그 예측 모델을 사용해 고객을 관리할 수 있다. 그 예측 모델은 데이터에 의해서만 만들어지드로, 그 모델의 성능은 수집된 데이터의 품질에 좌우된다. 풍부하고 좋은 품질의 데이터는 좋은 모델을 만들어내고, 좋은 모델은 좋은 의사 결정을 하도록 돕는다.

문제와 문제 해결 방법을 데이터의 관점에서 보는 것은 매우 중요한 역량이 된다. 특정 문제를 해결하려고 할 때 어떤 종류의 데이터가 필요할지, 갖고 있는 데이터로 무엇을 할 수 있을지 생각해내는 것은 아주 중요하다.

기계 학습에서 사용하는 데이터는 일반적으로 각 인스턴스마다 여러 개의 속성attribute, feature를 갖는다. 위의 예를 적용하면, 개개인의 데이터가 하나의 인스턴스이며, 각 인스턴스마다 나이, 성별, 지역, 요금제, 전화량 등의 속성에 대하여 수집된 데이터가 있다.

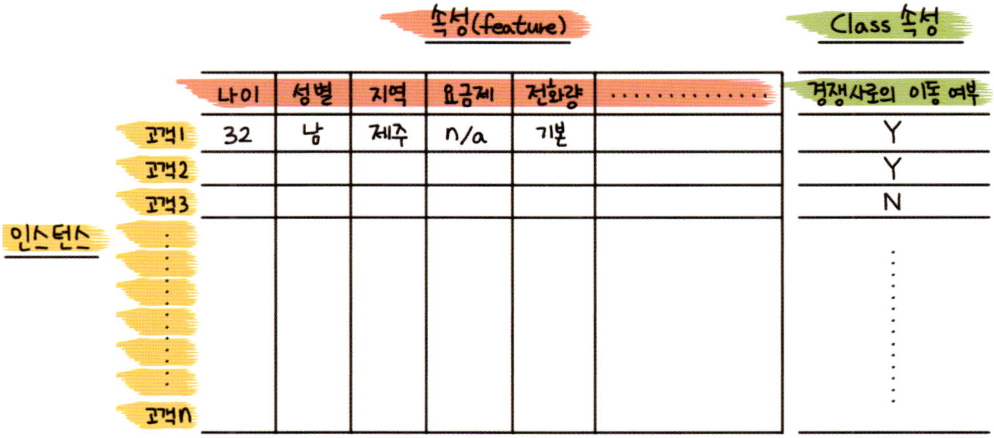

그림 5-21 정형 데이터의 일반적인 형태 : 인스턴스마다 여러 개의 속성과 클래스 속성을 갖는다.

정형적인 데이터로 만들어낼 수 있는 일반화 모델은 크게 다음 3가지로 구분할 수 있다.

- **분류**classification : 클래스class 속성(위의 예에서는 Yes, No)을 지닌 많은 양의 데이터로부터 그 클래스에 대한 모델을 만들어서, 새로운 고객에 대해 그가 어떤 클래스에 속할 것인지 예측해주는 것
- **군집화**clustering : 인스턴스를 속성들의 값에 의하여 비슷한 것끼리 그룹 혹은 군집으로 정의하는 것
- **연관성**affinity, association : 많은 인스턴스가 쌓여 있으면 특정 속성끼리 유의미한 연관성이 있음을 발견할 수 있는데, 그러한 속성 연관성

[그림 5-22]는 지금까지 살펴본 컴퓨팅computing 모델을 다시 보여주고 있다. 세상의 문제, 즉 대부분의 간단한 의사 결정이나 효율적인 작업 등은 알고리즘으로 표현되는 빠른 반복 작업으로 해결될 수 있지만, 처리 규모가 커지면 아무리 빠른 컴퓨터라도 우리가 인내할 수 있는 시간보다 더 많은 시간을 필요로 한다. 이러한 문제를 '가능은 하지만, 현실적으로는 불가능한' 문제라고 부른다. 초기 인공 지능에 해당하는 문제가 주로 여기에 속한다. 이 문제를 해결하려는 노력으로 트리 형태의 구조를 기반으로 효율적인 탐색 알고리즘 사용하기와 지능적인 방법 사용하기를 들 수 있다.

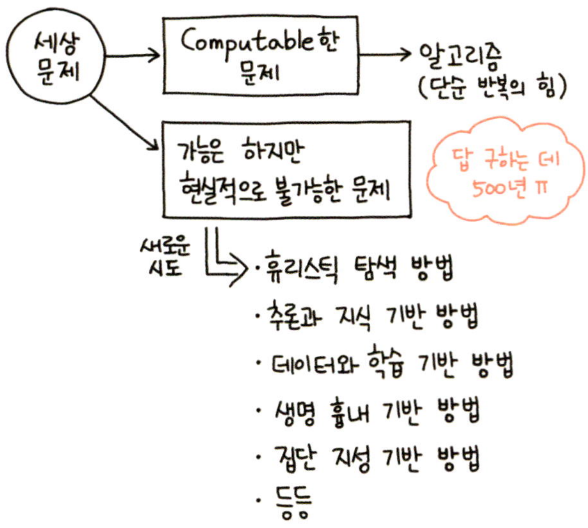

그림 5-22 문제를 효과적으로 해결하기 위한 새로운 시도들

지능적인 방법은 우리가 이미 살펴본 것과 같이 지식과 추론 기반 시스템, 데이터와 학습 기반 방법으로 구분하여 볼 수 있다. 최근 이야기되는 기계 학습, 딥 러닝 등은 모두 데이터 기반의 학습 방법에 해당된다. 이들 방법은 인간의 인식, 즉 눈과 귀를 통해 들어오는 정보를 뇌에서 인식하는 부분에서 특히 큰 발전을 보여주고 있다. 자연어 인식, 자동 번역, 이미지 인식, 필기체 및 얼굴 인식 등에 데이터 기반 학습 방법이 사용되고 있다.

이외에도 다양한 시도가 진행되고 있다. 생명체의 진화 등을 흉내 낸 유전 알고리즘, 인공 생명, 인터넷으로 연결된 수많은 사람의 간단한 행위 정보들을 모아서 거대한 문제를 해결해내는 집단 지성적인 방법, 인간 신체의 뇌파 및 근전도 등의 정보와 물리적 기계를 연결한 바이오닉스 등이 그 예가 될 수 있다. 또 하나 주목할 만한 현상은 인터넷이 광범위하게 기본 정보 인프라로 사용되면서 정보의 흐름과 연결 자체를 정보로 활용하여 새로운 가치를 만들어 낼 수 있다는 것이다. 구글의 검색 알고리즘은 바로 이 같은 아이디어에서 출발했다.

연결의 구조

연결은 새로운 가치를 낳는다. [그림 5-23]은 페이스북에서 '친구' 관계를 연결로 표시한 것이다. 어떤 속성에 의한 '연결'은 새로운 가치를 만들어낸다. 예를 들어, 페이스북 친구는 비슷한 주제에 관심이 있는 사람들일 가능성이 높다는 새로운 정보를 줄 수 있으며, 정보의 유통 전략을 세우는 데 사용될 수 있다.

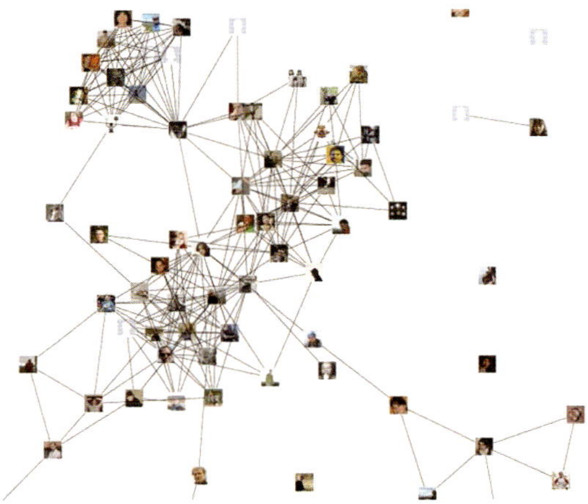

그림 5-23 친구 관계를 그래프로 표현해주는 페이스북

연결 정보가 새로운 가치를 창출할 수 있게 된 것은 구글의 등장 때문이라 할 수 있다. 구글은 인터넷 검색 엔진이지만 이전에 나온 검색 엔진과는 성격이 다르다. 구글 이전의 야후나 라이코스는 사용자가 넣은 검색 키워드와 웹 페이지에 있는 문장의 관련성을 중심으로 검색 결과의 순위를 결정했다. 따라서 사용자에게 별로 필요 없는 웹 페이지가 제시되거나 잘못된 웹 페이지가 상위에 올라가기도 했다. 즉, '사용자의 검색 키워드와 관련 있는 웹 페이지들 중에서 관심도 순위를 어떻게 매겨 사용자에게 보여주는가'가 문제였다.

스탠포드 대학교의 대학원생이었던 래리 페이지와 세르게이 브린은 웹 페이지들 간의 URL 링크로 연결된 구조의 새로운 가치에 주목했다. 링크가 많은 페이지일수록 신뢰도와 관심이 높은 페이지라고 가정했다. 이 가정을 식으로 만들어 각 후보 페이지들 간의 랭킹을 계산해 그 순서대로 사용자에게 제시해보자는 생각이었다. 두 대학원생은 그 아이디어로 페이지랭크PageRank 알고리즘을 만들어 논문으로 발표하고, '구글'이라는 회사를 창립했다. 이 알고리즘으로 구글은 수십억 장이 넘는 웹 페이지를 분석하여 검색 키워드에 가장 적절한 페이지를 순서대로 추천하고 있는 것이다. 물론 현재의 구글은 이 알고리즘뿐 아니라 다른 방법들을 함께 사용하고 있다. 또한 다른 검색 엔진들도 이제는 이 방법을 사용하고 있다.

페이지랭크 알고리즘은 어떤 페이지가 다른 중요한 페이지로부터 많이 링크되고 있다면 그 페이지도 중요한 페이지일 것이라는 가정을 사용한다. '어느 페이지가 현재 인기가 있으며, 중요하고 신뢰할 만한 정보를 가지고 있는가'는 웹 페이지를 만들고 편집하는 사람들이 알고 있을 것이며, 그러한 정보는 '링크'에 이미 반영되어 있을 것이라는 생각이다. 알고리즘은 반복적으로 수행되는데, 제일 처음에는 모든 페이지가 동일한 점수로 시작한다. 그리고 매번 알고리즘이 반복될 때마다 각 페이지는 자신의 점수를 자신이 링크하고 있는 페이지에 나누어준다. 이 과정이 반복되면서 각 페이지는 안정된 점수를 가지게 되고, 그 점수가 그 페이지의 랭크가 된다.

연결 정보의 가치는 여러 곳에서 활용될 수 있다. 예를 들어, 페이스북 같은 SNS에서 친구나 팔로워 정보를 분석하면 사람들의 영향력 지수를 측정해낼 수도 있다.

여성 프로그래머

컴퓨터 기술 개발과 프로그래밍은 남성이 주로 한다고 생각할 수 있다. 그러나 역사적으로 볼 때 컴퓨터 과학 분야에서 여성은 매우 중요한 역할을 해왔으며 앞으로 그 역할이 더욱 커질 것으로 기대된다.

최초의 프로그래머로 알려진 에이다 러브레이스Ada Lovelace(1815~1852)는 베비지의 컴퓨터에서 수행될 알고리즘과 프로그램을 만들었다. 1970년대에 미 국방성에서 개발한 강력한 객체 지향 언어인 에이다Ada도 그녀의 이름을 딴 것이다. 또 다른 여성인 그레이스 호퍼Grace Hopper(1906~1992)는 프로그래밍 언어를 위한 컴파일러를 처음 만드는 데 참여한 컴퓨터 프로그래밍의 선구자였다.

그림 5-24 세계 최초의 프로그래머 에이다

1900년대 초반까지 컴퓨터 프로그래머는 대부분 여성들이었다. 프로그래밍이 현대 소프트웨어 산업으로 변모해가면서 여성의 참여도가 낮아지긴 했지만 IT 분야에서 여성은 여전히 크고 중요한 역할과 기여를 해왔다.

그림 5-25 컴퓨터 프로그래밍의 선구자 레이스 호퍼Grace Hopper(1978년)

그림 5-26 최초의 전자식 컴퓨터 에니악을 프로그래밍하는 마를린 멜처Marlyn Meltzer와 루스 테이텔바움Ruth Teitelbaum

1960년대 미국의 달 착륙 프로젝트가 한창이던 시절, NASA에서 일하는 여성 프로그래머들에 관한 이야기가 많이 알려져 있다. 영화 '히든 피겨스Hidden Figures'(2017)에 등장하는 케서린 존슨을 비롯한 흑인 여성 수학자들, 나사NASA의 아폴로 11호 프로젝트에서 핵심적인 역할을 수행했던 마가렛 해밀턴Margaret Hamilton 등이 그 이야기의 주인공들이다. 최근에도 여성 프로그래머들은 컴퓨터 과학과 IT 산업, 인공 지능과 예술, 디자인 등에 이르기까지 놀랍고 창의적인 성과를 이루어내고 있다.

그림 5-27 나사의 아폴로 프로젝트를 이끈 마가렛 해밀턴Margaret Hamilton

그림 5-28 영화 '히든 피겨스'(2017년)와 영화의 모델이 된 흑인 여성 수학자들(오른쪽 위)

CHAPTER 06

공존

인류의 역사는 새로운 도구를 만들어내고 사용하면서 발전해왔다. 그러한 도구들은 주로 인간의 육체적 한계를 도와주는 역할을 하면서 우리 인간이 새로운 일들, 더 가치 있는 일들을 할 수 있게 하였다. 오늘날 우리가 사용하고 있는 초고속 인터넷과 소프트웨어, 인공 지능은 인류가 만들어낸 새로운 차원의 도구다. 이 도구들을 어떻게 활용할지, 이 도구들과 어떤 협업 체계를 만들어나갈지, 그래서 인류가 어떠한 새로운 가치와 문명을 창조해나갈지는 이제 우리 손에 달렸다.

이 장에서는 간단한 사례들을 통하여 인간과 기계의 공존, 그리고 우리의 미래에 대하여 생각해보도록 하자.

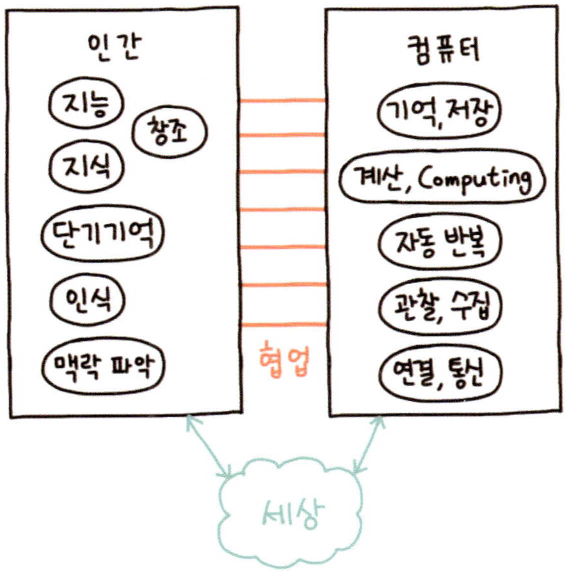

01 사회적 합의

인류의 역사는 기술의 역사라고 해도 과언이 아닐 정도로 새로운 도구와 새로운 기술의 등장은 인류의 삶을 크게 바꾸어왔고, 그 위에서 새로운 가치가 생산되고 있다. 불의 사용이 그러했고, 바퀴의 발명이 그러했고, 수학과 과학의 등장이 그러했다. 근대로 넘어오면 인쇄술과 전기, 사진술의 발명으로 말미암아 인류의 삶은 또 한 번 획기적인 변화를 맞이한다.

그 많은 기술적 결과물 중에서 '자동화 기계'만큼 커다란 영향을 준 것도 없을 것이다. 지금으로부터 약 150~200년 전 유럽에서 등장하여 대중화된 자동화 기계는 주로 인간의 육체 노동을 대신해주는 기계였다. 인간이 하루에 옷감 한 벌을 짜는 정도였다면 직조 기계는 하루에 옷감 100벌을 실수 없이 짜주며 생산성 향상을 가져왔다. 생산성 향상은 다음과 같이 크게 두 가지 관점으로 다가왔다.

- 기계가 효율적으로 대신해줄 테니, 나는 이제 힘든 노동에서 해방될 거야.
- 기계가 내 일을 더 싸고 빠르고 대신할 테니, 나는 직업을 잃어버리게 될 거야.

생산성의 관점에서 파급력 있는 도구나 기술의 등장은 이렇듯 희망과 두려움을 동시에 준다. 생산성의 급격한 증가는 사회, 경제, 산업, 정치, 문화 전반에 큰 영향을 미치는데, 특히 노동과 고용 모든 부문에 커다란 변화를 몰고 온다.

18~19세기 유럽의 1–2차 산업혁명 시기에 등장한 자동화 기계들은 그 당시 사람들, 특히 자동화 기계로 인해 노동이 대체될 노동자들에게는 공포와 불안의 대상이기도 했다. 자동화 기계가 그동안 인간이 해오던 육체 노동을 대신하게 되면서, 인간은 직업을 잃고 그로 인하여 기본 생활이 불안정해질 것이라는 두려움이 있었기 때문이다.

그런 두려움이 겉으로 표출된 대표적인 사례가 1800년대 초 영국의 공업지대에서 발생한 러다이트Luddite 운동, 즉 기계 파괴 운동이었다. 수공업 방직 공업지대에 기계가 보편적으로 사용되면서 숙련공들이 일자리를 잃고 생계의 위협을 받는 상황이 확대되었다. 기계를 소유한 사람들은 생산성의 급격한 증가로 인해 돈을 더 벌게 되었지만, 부의 재분배가 제대로 이루어지지 않으면서 빈부 격차는 급속도로 심화되었다. 노동자들은 이처럼 고통을 받을 바에는 차라리 기계를 없애는 게 낫다고 주장하며 기계를 부수고 공장을 불태웠다. 이런 사례는 그 이전에도 발생했다. 1600년대에 네덜란드에서 만들어진 풍력을 이용한 목재 공장과 1700년대 말에 발명된 수력으로 양털 깎는 기계도 실업자들 손에 불탔다.

그림 6-1 러다이트 운동 : 내 직업을 빼앗은 기계를 불태우자(출처 : 《원숭이도 이해하는 자본론》, 임승수, 시대의창)

이러한 사례들은 기술의 등장, 그로 인한 생산성의 급속한 증가, 부의 불균형 문제를 우리 사회가 현명하게 합의하고 해결해나가는 것이 얼마나 중요한가를 잘 보여준다. 1867년에 출판된 《자본론》에서 칼 마르크스는 러다이트 운동을 언급했다. 그는 기계 자체는 인류를 고통스러운 노동에서 해방시켜 줄 수 있는 좋은 수단이며, 우리가 파괴해야 할 것은 기계 자체가 아니라 기계를 자본주의적으로 사용하는 사회와 경제체제라고 하였다. 이 책의 영향으로 1900년 전후에는 사회와 경제체제를 변화시키려는 많은 시도가 이루어졌고 그에 따른 갈등도 겪었다.

최근 20년간 컴퓨터와 초고속 무선 인터넷, 스마트폰이 우리 사회의 기본 인프라로 자리를 잡았다. 이를 기반으로 등장한 새로운 자동화 기계, 즉 소프트웨어와 인공 지능은 또 다시 우리 인류의 문명을 크게 바꾸어놓을 것이라 생각된다. 이 같은 정보처리 자동화 기계는 인지 노동의 생산성을 엄청나게 증가시킬 것이다. 그로 인하여 우리는 또 다시 기대와 두려움을 동시에 느낀다.

2016년에 전 세계의 이목을 집중시킨 알파고, 그 이후에 등장한 수많은 인공 지능 기술과 로봇들을 보며 200년 전 러다이트 운동 때 노동자들이 느꼈던 것과 비슷한 불안을 느끼고 있다. 어떻게 이러한 두려움을 해결해나갈 것인가? 이제 기계와 인간의 공존 그리고 협업 체제는 모두의 관심사가 되었다. 즉, 이 문제는 몇몇 특정인만 관심을 갖는 기술의 문제가 아니라 모두가 관심을 갖고 사회적 합의를 만들어내야 하는 우리 공동체, 우리 사회, 우리 경제와 정치의 문제가 되어야 한다.

그중에서 우리 생활에 가장 직접적인 영향을 받게 될 부문은 아마도 직업일 것이다. 최근에 발표된 다양한 보고서들은 직업과 고용에 대하여 크게 다음의 두 가지 관점을 보여준다.

- 현재 직업의 60~80%가 20년 안에 사라지게 될 것이다.
- 20년 후에는 현재 존재하지도 않는 직업이 새롭게 50~70% 정도 새로 생겨날 것이다.

[그림 6-2]에서 직업의 추세를 보면 육체적이든 인지적이든 관계없이 루틴routine한 직업, 즉 같은 작업이 단순 반복되는 직업은 계속 줄어들고, 비루틴nonroutine한 직업, 즉 창의적이고 복잡한 문제 해결력을 필요로 하는 직업은 점점 증가하고 있음을 볼 수 있다.

미래에 새로운 직업이 등장하게 되리라는 점은 많은 사람이 동의하겠지만, 현재의 직업 대부분이 사라지게 될 것이라는 예측은 조금 다른 관점에서 바라봐야 할 것이다. 즉, 직업이 없어지는 것이 아니라 그 직업에서 하게 되는 일이 바뀌게 될 것이라고 볼 수 있다.

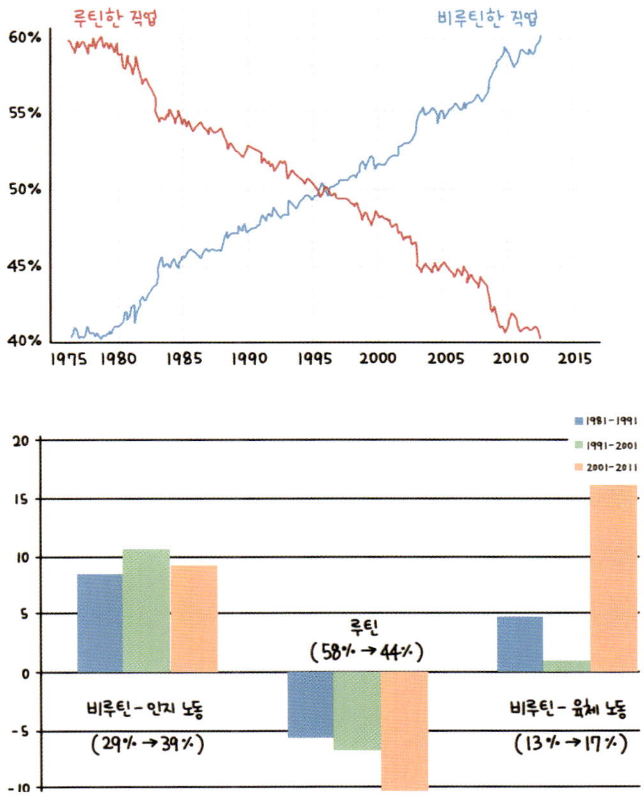

그림 6-2 루틴한 작업을 하는 직업은 감소하고, 비루틴한 직업은 증가한다. (출처 : U.S. Census Bureau, Current Population Survey, World Employment Social Outlook : Trends 2015)

예를 들어보자. 스포츠 기자는 로봇 기자가 경기 결과를 대신 기사로 작성할 것이기 때문에 그 일은 하지 않겠지만, 단순한 경기 결과 기사를 쓰느라 바빠 쓰지 못했던 더 창의적이고 가치 있는 스포츠 기사를 쓰게 될 것이다. 주식 거래자나 회계사도 지금의 단순 반복적인 작업 대부분은 인공 지능 소프트웨어에 넘기고 창의적이고 가치 생산적인 주식 거래와 회계 업무를 하게 될 것이다. 즉, 새로운 도구와 자동화 도구를 이용하여 인간은 지금까지 하지 못했던 훨씬 가치 있고 더욱 인간적인 일들을 하게 될 것이다. 그것이 인간과 기계가 공존하는 길이며, 지금은 이 같은 공존을 기반으로 하는 사회, 경제, 산업, 고용 체계를 새롭게 설계해야 할 시점이라고 볼 수 있다.

2016년 12월 미국 백악관에서 발간된 〈Artificial Intelligence, Automation, and the Economy〉(인공 지능, 자동화, 그리고 경제) 보고서는 그러한 고민을 잘 보여주고 있다. 보고서는 인공 지능이라는 지능적 기계가 가져올 생산성 향상과 그 여파에 대한 이해를 바탕으로, 인공 지능 기술을 우리 사회와 경제가 적극적으로 도입하여 공동체의 새로운 가치 생산과 발전을 이루어야 한다고 강조한다. 이를 위하여 새로운 직업과 미래에 대한 혁신적 교육을 지원하고, 이러한 성과의 과실을 많은 이들이 나누도록 하며, 혹 발생할지 모를 전환기 낙오자를 지원해야 한다는 정책안을 제시하고 있다.

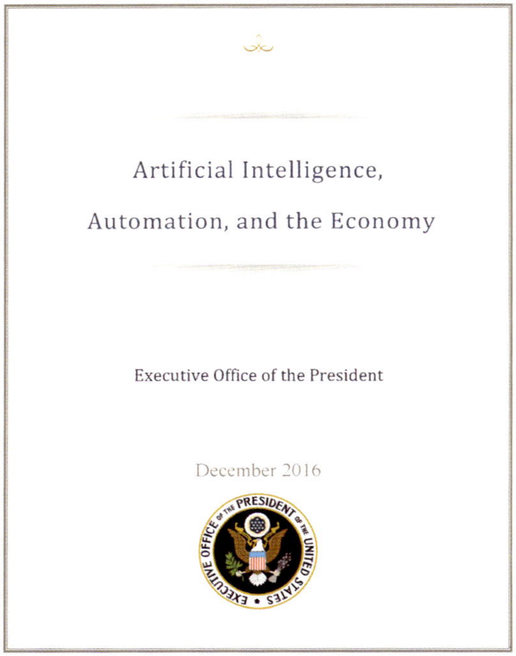
Artificial Intelligence,
Automation, and the Economy

Executive Office of the President

December 2016

그림 6-3 2016년 12월 발간된 백악관 보고서 표지

북유럽 국가들을 중심으로 최근 논의되고 있는 기본 소득, 최저 임금, 로봇세, 인공 지능세 신설 등도 마찬가지 관점에서 이해될 수 있다. 과거는 물론 현재와도 다른 새로운 사회와 경제체제가 곧 등장할 것으로 예상한다.

02 협업

소프트웨어, 인공 지능, 로봇과 함께 공존하는 사회 및 경제체제를 만들고 인류의 공동체를 발전시킬 수 있도록 모든 사람들이 관심을 갖고 참여해야 한다. 이런 상황에서는 인공 지능 로봇과 인간의 협업 방법이 또 다른 연구 주제가 될 수 있다.

앞서 살펴본 프리스타일 체스 게임의 예는 기계와 인간의 협업이 얼마나 큰 힘을 발휘할 수 있는지를 잘 보여준다. 약한 인간과 쉽게 사용할 수 있는 자동화 기계, 즉 소프트웨어가 강력한 협업 프로세스로 연결되면, 그 어떤 기계나 인간보다도 훌륭한 결과를 낼 수 있다.

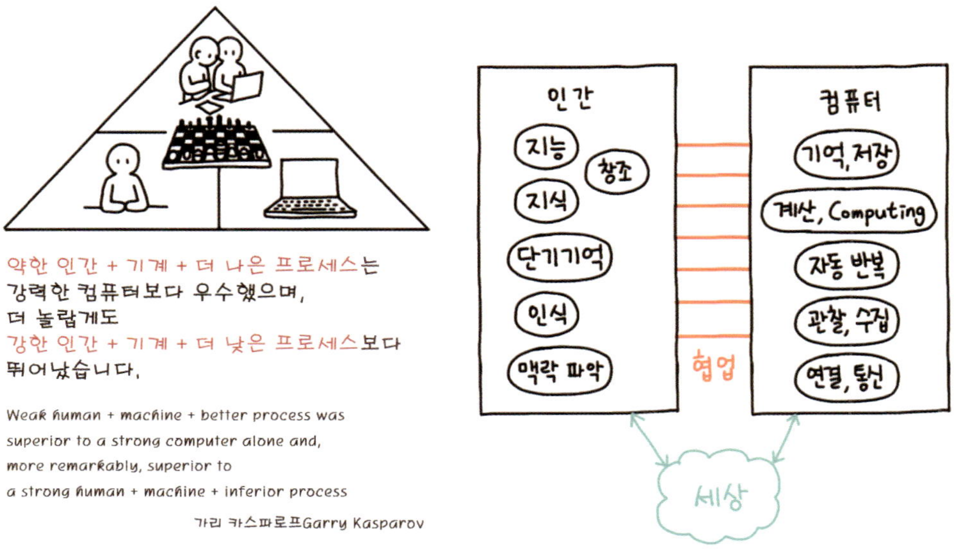

그림 6-4 인간과 기계의 효율적인 협업 체계는 그 어느 것보다도 강하다.

컴퓨터(소프트웨어, 인터넷, 스마트폰 등)와 인간의 협업 체계는 인간의 인지 능력을 확대해줄 것이다. 컴퓨터는 정보를 수집한 뒤 저장하며 단순 반복 계산을 빠르게 많이 할 수 있다. 그리고 인간은 지식과 지혜를 바탕으로 상황 맥락을 파악해 의사 결정하는 능력이 뛰어나다. 이 두 가지가 합쳐지면 굉장한 편리함과 효율성을 얻을 수 있을 것이다. 우리는 컴퓨터를 개인 비서로, 파트너로, 의사 결정 도구로 사용할 수 있다. 지루하고 고통스러운 단순 반복 노동은 컴퓨터가 대신하게 하고 인간은 창의적이고 생산적인 새로운 일들을 시도해볼 수 있다.

그림 6-5 인간과 인공 지능의 협업은 가장 뛰어난 성과를 보인다. (출처 : https://www.roboticsbusinessreview.com/news/5-robotics-and-ai-takeaways-from-emtechnext/)

[그림 6-5]는 2017년 서울포럼에서 MIT의 다니엘라 루스Daniela Rus 교수가 발표한 내용이다. 암 진단에서 오류가 발생할 확률은 인간이 3.5%, 인공 지능이 7.5%인데, 인간과 인공 지능이 협업하면 0.5%로 줄어든다.

인간과 기계의 협업 체계 관점에서 보면, 1-2차 산업혁명 시대의 상황과 현재의 상황은 많이 다르다. 이제는 자동화 기계를 소수의 특정인만 소유하는 시대가 아니라는 것이다.

개인용 컴퓨터, 인터넷, 스마트폰을 비롯해 그 인프라에서 사용하는 소프트웨어를 누구나 쉽게 사용할 수 있다. 이제 남은 것은 보통 사람들과 보통 기계들을 연결시키는 강력한 협업 체계와 공존의 윤리를 우리 스스로 가지는 것이다. 오픈 소스 환경이 자리를 잡으면서 새로운 기술에 접근하기도 쉬워졌다. 심지어 프로그램 코드까지 무료로 공개되고 공유된다.

이제 공은 각 개인에게 넘어왔다. 앞으로는 디지털 기술을 다루는 개인적인 소양과 역량이 사회 문화적, 직업 경제적 격차를 만들어낼 가능성이 높아졌다. 물론 기술에 대한 공개와 공유에도 불구하고 새로운 차원의 자본과 자원에 대한 독점적 소유는 계속 이어질 수 있다. 이에 대한 우려가 커지면서 그 우려가 현실화되는 것을 막기 위한 노력도 계속 진행되고 있다.

인류의 발전을 위해 인간과 컴퓨터(혹은 인공 지능, 로봇)는 대결과 경쟁이 아닌 협업과 공존으로 나아가야 한다. 이어령 선생이 '인공 지능이 인간을 지배할 것인가'에 관한 인터뷰에서 언급했듯이, 우리는 말과 빠르기를 대결할 것이 아니라, 말 타는 법을 배워서 말과 한 팀이 되어 한 번도 본 적이 없는 새로운 세상으로 달려가야 한다. 또한 기술 기반 사회에서 새로운 사회 경제적 질서, 새로운 차원의 윤리 의식과 공공 의식, 사회적 공감과 합의적 사고가 필요하다는 점을 다시 한 번 강조하고 싶다.

컴퓨터는 빠르고 정확하지만, 멍청하다.
사람은 느리고 부정확하지만, 똑똑하다.
둘이 힘을 합치면
상상할 수 없을 정도의 힘을 가질 수 있다.

Computers are incredibly fast, accurate, and stupid.
Human beings are incredibly slow, inaccurate, and
brilliant, Together they are powerful beyond
imagination.

알베르트 아인슈타인 Albert Einstein

그림 6-6 컴퓨터와 사람이 힘을 합치면

읽어보기

호모 사피엔스의 대규모 협업 본능

유발 하라리Yuval Noah Harari는 《사피엔스》와 《호모 데우스》에서 인류 역사를 이야기하며 현존 인류인 호모 사피엔스의 특징과 그 진화 방향에 대해 많은 암시를 준다. 그는 과거에 존재했으나 사라져버린 인류(예를 들면, 네안데르탈 인)와 달리 호모 사피엔스는 대규모 협업 능력을 지녔다고 말한다. 물리적인 협업을 뛰어넘어 엄청난 규모의 인지(정신과 생각) 협업을 통해 인간을 위협하는 동물들, 자연의 위협과 재앙, 병마에 대응했으며, 이 협업 역량이 호모 사피엔스를 더욱 강하게 만든 핵심이라고 이야기한다.

우리가 사용하는 언어, 문자, 기호, 관습, 종교, 이데올로기, 법과 규칙 그리고 최근의 인본주의 사상 등은 사피엔스의 대규모 인지 협업을 위한 도구이자 프레임이라고 할 수 있다. 협업을 통해 사피엔스의 공동 적을 설정하고 극복해나가려는 것이다. 이러한 관점에서 볼 때, 현재 우리가 사용하는 컴퓨터와 소프트웨어, 인터넷과 스마트폰의 초연결 인프라는 호모 사피엔스 역사상 가장 강력한 대규모 인지 협업 도구가 아닐 수 없다.

호모 사피엔스의 대규모 협업 능력은 공동의 잠재적 위협에 대항하는 데 매우 효과적이지만, 우리의 주변 환경을 파괴하고 멸종하는 데 사용되기도 했다. 또 협업 프레임을 소유하고 통제하려는 내부 갈등이 계속 이어져온 것도 사실이다. 하지만 인터넷과 스마트폰, 소프트웨어로 대표되는 현재의 대규모 협업 시스템으로 인해 이제 인류를 위협하는 명시적인 적이 모호해지고 있으며, 내부의 갈등도 스스로 정화할 수 있는 수준에 이르렀다. 이처럼 인류에 대한 명백한 위협이 없어진 상황에서 최근에는 우리를 둘러싼 환경(자연, 동물, 소수 인종, 문화적 다양성 등)과 공존하는 일에 점차 관심이 높아지고 있다.

기호

한글

영어